Die schönsten Höhenwege
im Berner Oberland

Rose Marie Kaune · Gerhard Bleyer

Die schönsten Höhenwege im Berner Oberland

Mit 104 Abbildungen, davon 47 in Farbe,
30 Kartenskizzen und 30 Höhenprofilen

Bruckmann München

Umschlag-Vorderseite:
Hotel Obersteinberg im hintersten Lauterbrunnental gegen Lauterbrunner Breithorn, Tschingelhorn und Lauterbrunner Wetterhorn (Felszapfen rechts), vorgelagert Breithorngletscher.

Umschlag-Rückseite:
Auf dem Weg von Brechalp nach Alp Mettla. Blick gegen Tschuggen und Männlichenkette (oben). Auf Pfadspuren treten wir dem Eiger unter steil aufragenden Felswänden auf die Zehen. Im Hintergrund (links) das Wetterhornmassiv (unten links). Blick von der Finsteraarhornhütte auf Wannenhorn, Schönbühlhorn und Fiescher Gabelhorn (unten rechts).

Vorsatz:
Vom Stockhorngipfel geht der Blick über das Frutigland zur Kette der Berner Alpen im Südosten mit Schreckhorn, Eiger, Mönch und Jungfrau.

Gegenüber der Titelseite:
Blick vom Niederhorn über den Thuner See auf Stockhorn und Teil der westlichen Berner Voralpen.

CIP-Titelaufnahme der Deutschen Bibliothek

Kaune, Rose Marie:
Die schönsten Höhenwege im Berner Oberland/Rose Marie Kaune; Gerhard Bleyer. – München: Bruckmann, 1988
ISBN 3-7654-2156-1
NE: Bleyer, Gerhard:

© 1988 F. Bruckmann KG, München
Alle Rechte vorbehalten
Herstellung: Bruckmann München
Printed in Germany
ISBN 3-7654-2156-1

Inhaltsverzeichnis

Zum Geleit

Das Bild einer schönen Landschaft,
die Stille der Einsamkeit in natürlicher
Umgebung enthalten das köstliche Gut,
dessen die moderne Welt dringend bedarf.
Jean-Jacques Rousseau

»Öffnung des Berner Oberlandes durch Schiene, Schiff und Straße«: Schon früh dringt die Kunde von der überwältigenden Schönheit des Berner Oberlandes in die Welt hinaus. Doch die Anreise
ist zeitraubend, teuer und beschwerlich. Zudem bereiten Nächtigung und Verpflegung in den Seitentälern erhebliche Schwierigkeiten. Trotzdem läßt der Ausbau der Straßen noch lange auf sich
warten. So weist der »Kleine Rat« den Oberamtmann von Interlaken
im November 1817 darauf hin, in welch schlechtem, ja sogar
gefährlichem Zustand sich verschiedene Wege seines Amtsbezir-
kes befinden.

Anfang des 19. Jahrhunderts (1824–27) wird eine Straße nach
Grindelwald gebaut. 1834 eröffnen die Brüder Knechtenhofer in
Hofstetten bei Thun (am nordöstlichen Ufer des Aareabflusses) die
Pension »Bellevue«. Im gleichen Jahr wird der Bau einer Straße
von Thun über Spiez nach Interlaken beschlossen. Um für die Pension die Gefahr der Isolierung vom »großen Verkehr« abzuwenden,
nimmt das erste Dampfschiff auf dem Thuner See, die »Bellevue«, ihren Linienverkehr auf, und zwar zur Personen- und Post-
beförderung. Fahrzeiten: vom 15. Mai bis 15. Oktober täglich dreimal von Hofstetten nach Neuhaus auf dem Bödeli. Eine neue Epo-
che nimmt ihren Anfang. Vier Jahre später fährt auch auf dem
Brienzer See das erste Dampfschiff. So beginnen die Dampfschiff-
fahrt und der sich entwickelnde Verkehr für Interlaken entschei-
dende Bedeutung zu gewinnen.

1844: der erste Eisenbahnzug aus Frankreich erreicht Basel – das
»Eisenbahnzeitalter« ist angebrochen. Anfahrtzeiten bei Reisen in
die Schweiz verkürzen sich, damit steigt zugleich die Besucherzahl
im Berner Oberland. Im Jahre 1859 läuft der erste Dampfzug von
Bern über Münsingen in Thun ein. Zwei Jahre später wird die
Bahnstrecke um 1 Kilometer bis Scherzligen am Thuner See verlän-
gert, wo für mehr als ein Jahrzehnt Endstation ist. Von hier fährt
der Reisende mit dem Schiff weiter bis Neuhaus auf dem Bödeli.
Dort stehen Kutschen, die eine Zeitlang von der »Pferdeeisen-
bahn« abgelöst werden, bereit für das letzte Stück nach Interlaken.

1872 eröffnet die Bödelibahn (BB) die erste Teilstrecke von Därligen bis Aarmühle (heute Interlaken-West), 1874 Erweiterung der
Bahnlinie über Zollhaus (heute Interlaken Ost) bis Bönigen. Damit
ist die Verbindung zum Brienzer See hergestellt. Die private
Dampfschiffgesellschaft sieht in der Bahn eine drohende Konkurrenz und greift den alten Plan eines schiffbaren Kanals zwischen
den beiden Seen wieder auf. Es folgt ein rechter Schildbürger-

streich der Bödelibahn. Sie stellt eine Verbindungslinie zwischen
Interlaken West und Ost her, läßt diese zweimal über die Aare
gehen und unterbindet so der Schiffahrt für immer die Möglichkeit, mit einer Schiffsflotte beide Seen zu befahren, weil wegen der
niedrigen Eisenbahnbrücke kein größeres Schiff hindurchgelangen
würde. Daran hat sich bis heute nichts geändert. Beide Bahnhöfe
haben Schiffsanschlüsse: Interlaken-West über den Kanal (seit
1892) zum Thuner See und Interlaken-Ost über die Aare zum
Brienzer See.

Von 1873 bis 1893 befördern zwei Trajektschiffe die Eisenbahn-
waggons von Därligen nach Scherzligen. Der Thuner See wird zur
Hauptverkehrsader. 1893 schließt die Thunerseebahn (ThB) die
Lücke zwischen Därligen und Scherzligen. Interlaken läßt sich nun
auf dem Schienenwege erreichen. Mit Dampfschiffahrt und Eisenbahn, zwei Massentransportmitteln, erlebt die Weiterbeförderung
durch Kutschen in die Seitentäler seit Mitte des 19. Jahrhunderts
einen deutlichen Aufschwung. Das Postdepartement überträgt Benedikt Horn (1837–1907), dem »Kutscherkönig von Interlaken«,
das gesamte Postwesen im Berner Oberland. Der größte Teil seiner
Kutschen wird von Schimmeln gezogen. Er besitzt 120 Pferde. Für
die verschiedenen Strecken (Thun–Zweisimmen/Simmental, Interlaken–Lauterbrunnen, Interlaken–Grindelwald, Interlaken–Meiringen–Brünig usw.) werden über 60 »Postführungsverträge« mit
Horn abgeschlossen. Mit dem weiteren Ausbau von Bahnlinien in
die Seitentäler verliert die Kutsche als Transportmittel an Bedeutung.

Trotz erheblicher Widerstände in der Bevölkerung, die unter anderem in dem privaten Kutschergewerbe ihren Ursprung haben,
eröffnen die »Berner-Oberland-Bahnen« 1890 die Strecke von Interlaken über Zweilütschinen nach Grindelwald und Lauterbrunnen. Aus Kostengründen wird die Schmalspur gewählt, obgleich
sie weniger zweckmäßig ist (Schmalspur = 1000 mm, Normalspur
= 1435 mm). So fallen uns auf dem Bahnhof Interlaken-Ost nicht
nur zwei unterschiedliche Spurweiten auf, sondern seit der Elektrifizierung auch zwei verschiedene Stromsysteme. Die Bern-
Lötschberg-Simplon-Bahnen (BLS) sowie die Schweizerische Bun-
desbahnen (SBB) nutzen auf ihren Fernstrecken 15000 Volt Ein-
phasenwechselstrom, die Berner-Oberland-Bahnen (BOB) dagegen fahren mit 1500 Volt Gleichstrom.

1899 fusionieren Bödelibahn (BB) und Thunerseebahn (ThB),
1912 übernimmt die Thunerseebahn die Dampfschiffgesellschaft,
1913 schließlich erfolgt die Übernahme der Thunerseebahn durch
die Bern-Lötschberg-Simplon-Bahnen (BLS).

Heute fahren auf dem Thuner See mit Flottenstützpunkt Thun
12 Motorschiffe. Flaggschiff ist die 1971 gebaute »Blümlisalp«. Auf
dem Brienzer See stehen 5 Motorschiffe im Einsatz. Heimathafen
ist Interlaken, größtes Schiff die 1981 in Dienst gestellte »Brienz«.

In den Jahren 1870 bis 1914 werden in einer wahren Bahneupho-
rie zahlreiche Bergbahnen in die Alpentäler hinein und auf Gipfel
gebaut, und zwar Zahnrad- und Standseilbahnen. Einer der
Schwerpunkte ist das Berner Oberland, wo der Bau der Jungfrau-

bahn den krönenden Abschluß dieser Entwicklung bildet. Die zwei Weltkriege und die folgende Wirtschaftskrise legen den Bergbahnenbau still. Der Aufschwung nach 1950 bringt eine zweite, noch intensivere Phase des Baues von Bergbahnen und anderen Transportmitteln.

Das ausgereifte Verkehrsnetz im Berner Oberland durch Eisenbahn, Schiff, Autobus und Bergbahnen (einschließlich Sessellifte) darf als einmalig in der Schweiz bezeichnet werden, es wird entsprechend von den Besuchern der Region geschätzt. Ein Fahrvergnügen besonderer Art bietet dem Urlauber das schon über 20 Jahre alte »Regionale Ferienabonnement«. Dieser ideale Fahrausweis für Ausflüge mit allen öffentlichen Verkehrsmitteln ist an 15 Tagen gültig und kostet etwas über 100 sfr (Stand 1988). Innerhalb dieser Zeit kann der Fahrgast selber 5 Reisetage (bzw. Reisestrecken) für freie Fahrt auswählen. Während der ganzen Geltungsdauer kann er zudem auf speziell vermerkten Strecken zum halben bezie-

hungsweise dreiviertel Preis fahren. Man kann zum Beispiel an einem der 5 »freien« Tage folgendes unternehmen: von Grindelwald zur Kleinen Scheidegg (frei), weiter aufs Jungfraujoch und zurück zur Kleinen Scheidegg (zum dreiviertel Preis), dann hinab nach Lauterbrunnen und über Zweilütschinen nach Interlaken. Von hier macht man eine Dampferfahrt auf dem Thuner See (Interlaken–Thun hin und zurück) und kehrt am Abend nach Grindelwald zurück. Außer dem dreiviertel Preis fürs Jungfraujoch sind sämtliche Fahrten frei.

Wir wünschen Ihnen beglückende und erlebnisreiche Urlaubswochen im Berner Oberland. Nutzen Sie die unzähligen Möglichkeiten an Aktivitäten und Erholung, die Ihnen diese großartige Seen- und Berglandschaft bietet.

Rose Marie Kaune
Gerhard Bleyer

Guyer Zellers Projekt der Eisenbahn auf die Jungfrau im Berner Oberland. Aus dem Prospekt für die Investoren (s. Tour 10).

Blick vom Stockhorngipfel nach Süden auf ▷
Gspaltenhorn, Blümlisalpgruppe und Dolden-
hörner, vorgelagert die Niesenkette.

Panoramagipfel Stockhorn

Erlenbach – Chrindi – Hinterstocken – Oberstocken – Stockhorn – Stockenfeld – Oberbärgli –
Chrindi – Chlusi – Moos – Erlenbach

Ein überwältigender Anblick bietet sich dem von Norden Kommenden, wenn er Bern hinter sich gelassen hat. Das Dreigestirn Eiger, Mönch und Jungfrau steht wie eine unüberwindliche Mauer firnglitzernd unter tiefblauem Himmel. Vorgelagert sind die Berge über dem Brienzer und dem Thuner See: Schwarzhorn- und Faulhorngruppe, Morgenberghorn, Niesen und Stockhorn. Am nordwestlichen Zipfel des Thuner Sees liegt das idyllische Städtchen Thun. Hier ist das eigentliche Tor zum Berner Oberland. Wer es nicht eilig hat, sollte seine Reise am Nordufer des Sees fortsetzen. Auffallend durch seine Gestalt, die geprägt ist vom eindrucksvollen Profil der 325 Meter hohen, steilen Nordwand, ragt über dem jenseitigen Ufer das Felsenhaupt des Stockhorns hinter dem Stockental empor. Obgleich der Gipfel nur eine Höhe von 2190 Metern erreicht, überrascht er mit einer außergewöhnlichen Aussicht. Schon früh zog das Stockhorn die Aufmerksamkeit von Naturforschern und Dichtern auf sich. Münzfunde beweisen, daß bereits die Römer diese Gegend gekannt haben. Lange Zeit wagten sich jedoch nur Sennen, Hirten und Jäger auf diesen markanten Gipfel. Erstmals im Sommer 1536 fanden sich ein paar begeisterte Humanisten zusammen und bestiegen das Stockhorn. Unter ihnen der in die Reformationsgeschichte eingegangene Züricher Pfarrer Johannes Müller (1473–1542). Über seine Erlebnisse und Beobachtungen schrieb er ein Gedicht in lateinischer Sprache, die »Stockhornias«. Dieses 130 Verse umfassende Werk war eine der ersten gedruckten Schilderungen über eine Alpenreise und wurde in mehrere Sprachen übersetzt.

Seit dem Bau einer Seilbahn (1968/69) von Erlenbach im Simmental auf den Gipfel des Stockhorns genießen alljährlich Tausende die großartige Rundsicht. Die wirtschaftliche Bedeutung der Stockhornbahn für die Region des Unteren Simmentales ist beachtlich.

Als Ausgangspunkt unserer Bergwanderung wählen wir *Erlenbach-Kleindorf* (Talstation der Stockhornbahn), um mit der Seilbahn bis zur *Mittelstation Chrindi* zu fahren und damit die Anstiegszeit um drei Stunden abzukürzen. Von *Chrindi* (1637 m) unter der Mieschflue steigen wir wenige Meter zum romantischen *Hinterstockensee* ab. Wie der etwas höher gelegene Oberstockensee ist er ein wahres Paradies der Petrijünger, die hier oft mit der ganzen

Familie den Ferientag verbringen. Besitzer eines gültigen Billets für die Seilbahn können an der Talstation eine Tageskarte zu etwa 13 sfr für das Angeln in den beiden Seen erwerben. Diese Karten berechtigen ab 15. Juni zum Fang von maximal sechs Forellen mit einer Mindestgröße von 24 Zentimetern.

In der Nähe von Chrindi sowie westlich der Alp Oberstocken trifft man auf *Karrenfelder*, durch Wasser im Kalkstein geschaffene merkwürdige Rillen und Runsen. Außerdem wurden im Stockhorngebiet eine Reihe bisher wenig erforschter Höhlen ausgespült, vorwiegend nördlich des Cheibenhorns. Da Kalk wasserlöslich ist, kann das durch Bruch- und Schichttrennflächen eindringende Wasser ganze Höhlensysteme formen. Genaugenommen handelt es sich hierbei um einen chemischen Vorgang: Kohlendioxid aus der Luft verbindet sich mit Wasser zu Kohlensäure, die den Kalk aufzulösen vermag. Je länger die Einwirkung, desto tiefer Rillen, Runsen und Höhlen. In eine der Stockhornhöhlen konnte man bis zu einer Tiefe von 230 Metern vordringen.

Leichter als auf Höhleneingänge stoßen wir zwischen Hinter- und Oberstockensee auf trichterförmige Löcher, die ebenfalls eine typische Erscheinung in Kalkgebieten sind. Häufig bis in den Sommer mit Schneeresten angefüllt, können sie dem Wanderer ähnlich wie Gletscherspalten gefährlich werden.

Wir wandern um das nördliche Ufer des Sees herum zum Wirtschaftsgebäude der *Alp Hinterstocken*. Etwa dreißig Kuhglocken in allen Größen hängen unter dem Dachfirst. Eine davon würde uns genügen – die schönste natürlich, die größte brauchte es nicht zu sein. In vielen Stufen führt der Steig bergan – Stufen aus Felsen, von der Natur geformt und von Baumstämmen gehalten. Die Markierung ist gut, nirgends bereitet der Weg Schwierigkeiten. Nach einer Stunde sind wir auf der *Oberstockenalp* mit Berghaus und Matratzenlager (1776 m). Das Stockhorngebiet wird seit Jahrhunderten beweidet, und auf der Oberstockenalp verbringt seit acht Generationen die gleiche Familie die 3½ Monate dauernde Alpzeit (Mitte Juni bis September). Es werden Rinder und Schafe aus dem Simmen- und Emmental gesömmert. Der fruchtbare Boden läßt die Tiere stets ausreichend Nahrung finden.

In anregender Kletterei (II–III) kann der Gipfel des Stockhorns nun über den *Westgrat*, der in seinem unteren Teil »Strüssligrat« heißt, erstiegen werden. Jedoch ist entsprechende Erfahrung erforderlich, daher Vorsicht geboten. Wir empfehlen – nach kurzem Abstecher zum nahegelegenen *Oberstockensee* – den weiteren Anstieg auf der *Normalroute* mit ständig prächtigen Tiefblicken fortzusetzen. Auf der Bergstation trifft man bereits am frühen Morgen einen regen Touristenbetrieb an. Das letzte Stück zum Gipfel folgen wir dem *Blumenlehrpfad* (1984 erstellt von der Kantonalbank Bern anläßlich ihres 150jährigen Jubiläums). Über 75 beschilderte Bergblumen prangen an den sonnigen Hängen, vom pelzigen Edelweiß bis zum seltenen (weil nur am Stockhorngipfel vorkommenden) pinkfarbenen Steinschmückel (2190 m/2½ Std.). Dann lassen wir das herrliche Panorama auf uns wirken. Nach Norden blicken wir ins Berner Mittelland, das sich wie ein vielfarbiges Mosaik

Von Oberbärgli ist es nicht mehr weit zum Hinterstockensee mit Mittelstation Chrindi (links) unter der Mieschflue.

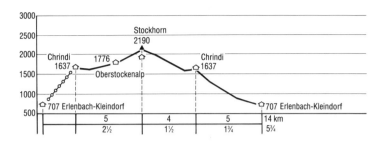

zu unseren Füßen ausbreitet. Im Westen liegt das grüne Walalptälchen, darüber die Berge der Gantrischgruppe. Am eindrucksvollsten jedoch zeigt sich die Kette der Berner Alpen vom Wetterhorn über Eiger, Mönch und Jungfrau bis hin zur Blümlisalp, wo sich Wildstrubel, Wildhorn und Les Diablerets anschließen. Unter der Terrasse des Bergrestaurants starten Drachenflieger. Wie große bunte Schmetterlinge gleiten sie lautlos dahin, ein farbenprächtiges Bild in die Landschaft malend.

Als Abstiegsroute wählen wir vom *Stockenfeld* (5 Min. unter dem Gipfel) den Weg über die *Alp Oberbärgli*. Beim Durchschreiten der Mulde *Chummli* erblicken wir in der Tiefe den dunkelblauen Thuner See. Unter Solhorn und Nüschleten steigen wir vorbei an Oberbärgli hinab zum *Hinterstockensee*, lassen die *Mittelstation Chrindi* rechts liegen (1637 m/+1½ Std.), um jetzt im Abstieg die Wanderung zwischen Chrindi und Erlenbach nachzuholen (um möglichst früh auf dem Gipfel zu sein, ließen wir sie am Morgen aus). Recht anschaulich und lehrreich schildert die an der Talsta-

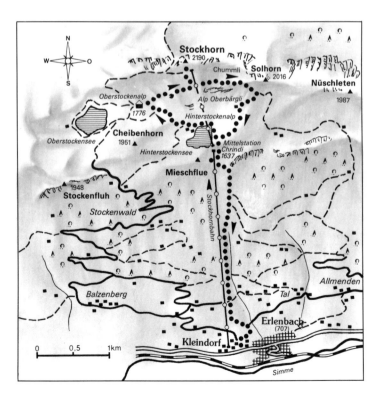

tion erhältliche Broschüre »Geologischer, zoologischer und botanischer Führer von Chrindi zum Stockhorn« die verschiedenen Vegetationsstufen und den Artenreichtum im Stockhorngebiet. Nur die Kenntnisse der geologischen Verhältnisse lassen uns die Geländeformen und die Zusammensetzung der Pflanzendecke verstehen. Auch die Alpwirtschaft ist direkt eine Folge der besonderen Bodenverhältnisse. Unbeschwert wandern wir talwärts. Bergbauern mähen an steilen Hängen das Gras für den Winter. Das trockene Heu wird in großen Ballen zusammengebunden und auf Schlitten (im Sommer!) ins Tal befördert (Erlenbach 707 m/ +1¾ Std.).

Touristische Angaben

Unschwierige Bergwanderung mit Gipfelbesteigung. Abkürzung bei Seilbahnbenützung möglich.

Beste Jahreszeit: Ende Juni bis Oktober/November.

Höhendifferenz: ab Mittelstation Chrindi 550 Meter Anstieg (ab Erlenbach zusätzlich 950 m), bis Erlenbach-Kleindorf 1500 Meter Abstieg.

Reine Gehzeit: ab Mittelstation Chrindi und zurück bis Erlenbach 5¾ Stunden (zu Fuß ab Erlenbach +3 Std.).

Karte: Landeskarte der Schweiz 1:50 000, Gantrisch, Blatt 253.

Einkehrmöglichkeit: *Restaurant Chrindi* (1637 m).

Unterkunft: *Berghaus Oberstocken* (1776 m). Tel.: 033-811488/ 811169. *Panoramarestaurant Stockhorn* (2190 m). Tel.: 033-811481/ 812181.

Talorte: *Erlenbach* (707 m), Talstation der Stockhornbahn (in Erlenbach-Kleindorf). Typische Simmentaler Bauernhäuser. Kirche mit Fresken aus dem 14./15. Jahrhundert. Die großen Viehmärkte sind verbriefte Tradition aus dem Mittelalter. Hotels, Pensionen. Verkehrsverein: CH-3762 Erlenbach; Tel.: 033-811458.

Wimmis (629 m). Am Fuße der Burgfluh erhebt sich das majestätische Schloß, das mit Kirche und Pfarrhaus malerische Dreiheit und hübschen Kontrast zu den drei Bergen Niesen, Burgfluh und Simmenfluh bildet. Hotels. Verkehrsverein: CH-3752 Wimmis i. S.; Tel.: 033-571620.

Thun (557 m; s. auch Tour 2). Stadt mit mittelalterlichem Kern, am westlichen Ende des Thuner Sees und am Ausfluß der Aare gelegen. Gepflegte Parkanlagen und Uferpromenaden. Hotels, Pensionen, Ferienwohnungen, Camping. Verkehrsverein: CH-3600; Tel.: 033-222340.

Weitere Tourenvorschläge:

o Ab Stockhorngipfel: Obere Walalp–Leiternpaß–Gurnigel Berghaus (4½ Std.).

o Lasenberg–Steinig Nacki–Oberes Heiti–Wimmis (Panoramaweg; 4½ Std.).

Standpunkt: Stockhorngipfel. Föhnfische ziehen ihre Bahn über Wetterhorn, Bärglistock und Schreckhorn.

Gratwanderung über dem Justistal

Tour 2

Beatenberg – Niederhorn – Burgfeldstand –
Gemmenalphorn – Oberberg/Seefeld – Hinterstberg – Mittelberg – Grönhütte – Beatenberg

Reizvoll und abwechslungsreich zeigt sich das Gebiet um den Thuner See, das wegen seines milden Klimas die »Riviera des Berner
Oberlandes« genannt wird. Der See ist ein idealer Tummelplatz für
alle Wassersportarten, und die Umgebung bietet vielfältige Wandermöglichkeiten, angefangen beim 1979 eröffneten Thuner-See-
Rundweg, der in beliebigen Etappen durchgeführt werden kann,
denn die am Ufer liegenden Orte sind per Schiff, Bus oder Bahn
leicht erreichbar. Wer seinen Urlaub am Thuner See verbringt,
kann strahlenförmig in alle Himmelsrichtungen ausschwärmen,
einerlei, ob als Kurgast, Wanderer, Sportler oder kulturhistorisch
Interessierter. Prächtige Aussichtsberge, einsame Bergtäler, stiebende Wasserfälle und die Kette der firnglänzenden Hochgipfel im
Süden locken und spornen zu Aktivität an. Tip Nummer 1 für
einen Ruhetag: Fahrt mit einem der schmucken Thuner-See-Schif-
fe. Fühlen Sie das Prickeln der frischen Brise auf Ihrem Gesicht,
lassen Sie sich durch den Schrei der Möwen in ferne Welten verset-
zen, betrachten Sie im Vorübergleiten malerische Dörfer und alte
Schlösser am Ufer! Überhaupt sind Schiffahrt und Ortsbesichti-
gungen einmalig miteinander zu verbinden. Versäumen Sie nicht,
Thun zu besuchen, dieses malerische Städtchen am Ufer des Thuner Sees mit seinem verträumten Rathausplatz und der historischen Hauptgasse mit dem Hochtrottoir. Das Schloß (seit 1888 historisches Museum) mit dem romanischen Rechteckturm und den
vier Ecktürmen, die eine unvergleichliche Aussicht bieten, ist sehenswert. Im Schloß Hünegg in Hünibach-Hilterfingen ist das
größte Jugendstilmuseum der Schweiz untergebracht. Und wer
Schloß Oberhofen bereits auf dem Seewege bewundert hat, wird
es sicher aus der Nähe kennenlernen wollen. Vor allem das Mobi-
liar und kostbare Sammlungen aus verschiedenen Jahrhunderten
sowie der herrliche Schloßpark sind eine wahre Augenweide. Das
größte Naturwunder am Thuner See sowie eine bedeutende kul-
turhistorische Stätte des Berner Oberlandes sind die St. Beatushöhlen in der Nähe von Sundlauenen am Nordufer des Sees, unweit von Interlaken, per Schiff, Bus oder Auto und anschließen-
dem kurzem Fußmarsch erreichbar. Etwas Besonderes ist der einstündige »Pilgerweg« (Bergpfad) von Beatenberg zu den Höhlen.
Der Besuch der St. Beatushöhlen (April bis Oktober 9–17 Uhr ge-

öffnet) kann nur mit Führer erfolgen. Die Führung dauert eine
knappe Stunde und ist äußerst beeindruckend.

Die sechs Kilometer lange Streusiedlung *Beatenberg* liegt auf
schmaler Hochterrasse (1100–1200 m) und zeigt sich als einer der
schönsten Sonnenbalkone des Berner Oberlandes. Nach Süden fallen die Hänge der drei aneinandergereihten Ortsteile Schmocken,
Spirenwald und Waldegg gegen den Thuner See (558 m) ab. Bereits 1860 wurden die ersten Feriengäste im Pfarrhaus untergebracht. Doch der echte Aufschwung begann nach dem Bau eines
von Interlaken heraufführenden Sträßchens (1863) sowie der
Standseilbahn von Beatenbucht am Thuner See nach Schmocken/
Beatenberg (1889).

Von *Beatenberg* kann man in 2½ Stunden aufs *Niederhorn* steigen.
Zur Abkürzung der folgenden Rundwanderung bietet sich die Be-
nutzung des Sesselliftes an (Talstation 15 Min. ab Schmocken).
Von der *Bergstation* (1932 m) erreichen wir in wenigen Minuten den
Gipfel (1949 m), der eine wunderbare Rundsicht bereithält. In der
Tiefe liegt der Thuner See, umsäumt von Dörfern und Wäldern,
sanft überragt von begrünten Voralpenbergen. Etwas ferner erhe-
ben sich die von zartmilchigem Schleier eingehüllten Eisriesen der
Berner Alpen. Nach Norden blicken wir an nahezu senkrechten
Felsen entlang ins Justistal hinein. Es wird durch zwei sechs Kilometer lange, parallel verlaufende Bergketten begrenzt: den Sigriswilgrat im Westen und den Güggisgrat im Osten, dessen erste
markante Erhebung das Niederhorn ist. Als edle Felsgestalt präsentiert sich das *Sigriswiler Rothorn*, dessen zwei Gipfel von einem
sanften Sattel verbunden werden. Am Fuße des Südosthanges
liegt eine Höhle mit imposantem Eingang, genannt das »Schaf-
loch«. Dem erfahrenen Bergwanderer vermittelt das kecke Horn
eine anregende Bergfahrt – von Sigriswil 4½ Stunden Aufstieg,
von Grön/Justistal 3 Stunden.

Wenn wir vom Gipfel des Niederhorns genügend Eindrücke ge-
sammelt und uns mit Hilfe der großen Panoramatafeln entsprechend orientiert haben, begeben wir uns auf die genußreiche *Höhenwanderung*. Zunächst zieht sich der Weg fast eben über Alpweiden dahin. Ein paar windgebeugte Nadelbäume stehen vor eindrucksvoller Kulisse als lohnende Motive für den Fotoamateur.
Schnell wird der begrünte *Burgfeldstand* (2062 m) erreicht. Nach
einer Legende stellt er die Ruinen eines zerstörten Schlosses dar.
Bis hier ist der Weg auch für ungeübte Geher unbedenklich zu
empfehlen. Anschließend geht es durch felsiges Gelände – da ist
festes Schuhzeug angebracht wie überhaupt bei jeder Bergwanderung. In leichtem Auf und Ab schlängelt sich der Pfad zwischen
bizarren Felstürmen und steilen Wänden hindurch. Hier und da
ein zartes Blumenpolster auf kargem Boden, dann stehen wir auf
dem *Gemmenalphorn* (2061 m/1¾ Std.). Nochmals lädt die Aussicht
zu beschaulicher Rast. Ein kurzer steiler Abstieg über Felsbuckel
und durch lockeren Föhrenbestand setzt die Wanderung fort. Nur
einen Steinwurf entfernt sonnt sich ein Rudel Gemsen in den warmen Felsen. Wir steigen hinab in eine wilde, unberührt daliegende
Landschaft, die geprägt ist durch die eindrucksvollen Schratten

---

*Abstieg vom Gemmenalphorn zu den Schratten von Seefeld gegen
Sieben Hengste, die das Justistal im Norden begrenzen.*

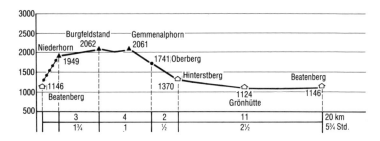

von *Seefeld* (vom Wasser zerfurchte Kalkfelsen; siehe entsprechende Erläuterungen über »Karrenfelder« in Tour 1). Zusammen mit dem darüber liegenden Massiv der Sieben Hengste, das den Abschluß des Justistales bildet, strahlt das Plateau von Seefeld einen eigentümlichen Reiz aus.

In der Mulde vor den Hütten von *Oberberg/Seefeld* (1741 m/ +1 Std.) scharf nach Westen wenden und dem kleinen Tälchen ins *Chumeli* folgen. An warmen Sommertagen summt es hier nur so von Insekten, die trunken sind vom Nektar aus der Blütenpracht. Über eine bewaldete Stufe senkt sich der Steig gegen *Hinterstberg* ab (1370 m/ +½ Std.), der letzten Alp des Tales. Hier gibt es auch Erfrischungen. Talaus führt der bequeme Wirtschaftsweg vorbei an den mit Sprüchen verzierten Speichern des »*Spycherberges*«. Noch heute werden hier die Erträge der Alpen des Justistales aufbewahrt und gepflegt. Im September findet das festliche »Kästeilet« (Käseverteilung an die Alpgenossen) statt. Auf der vordersten Alp des Tales bei der *Grönhütte* (1124 m) erklärt uns der Senne stolz

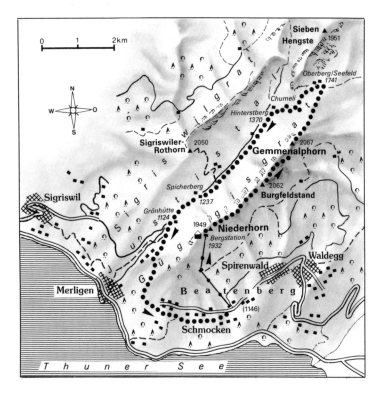

die Käsebereitung und zeigt uns die Käsevorräte. Über 300 Kühe werden auf den Alpweiden des Justistales gesömmert. Von *Grön* gibt es verschiedene Abstiegsmöglichkeiten, unter anderem nach Merligen oder Sigriswil. Wir wollen jedoch zum Ausgangspunkt unseres Tourentages zurückkehren und wandern auf einem asphaltierten Privatsträßchen (zugleich als Wanderweg ausgeschildert) hinaus nach *Beatenberg*. Ab und zu blickt der Niesen zwischen den Bäumen zu uns herüber. Bezaubernd ist der Blick auf den leicht gekräuselten Wasserspiegel des Thuner Sees, auf dem sich jetzt Segelboote und Surfer tummeln. Mit ihren weißen und bunten Segeln zaubern sie ein stimmungsvolles Bild in die stille Voralpenlandschaft zu unseren Füßen (Beatenberg 1146 m/ +2½ Std.).

Touristische Angaben

Aussichtsreiche Rundwanderung nördlich des Thuner Sees. Bergweg ab Burgfeldstand bis Hinterstberg.

Beste Jahreszeit: Ende Mai bis Oktober/November.

Höhendifferenz: bei Sesselliftbenutzung ab Beatenberg 100 Meter Anstieg (zu Fuß +800 m), 900 Meter Abstieg.

Reine Gehzeit: ab Niederhorn-Bergstation 5¾ Stunden (zu Fuß ab Beatenberg +2½ Std.).

Karte: Landeskarte der Schweiz 1:50 000, Interlaken, Blatt 254; Berner Oberland, Zusammensetzung 5004.

Einkehrmöglichkeit: Alp Hinterstberg (1370 m).

Unterkunft: *Restaurant Berghaus Niederhorn* (1949 m); Hotelzimmer und Touristenlager. Tel.: 033-41 11 97.

Talort: *Thun*, siehe Tour 1; *Interlaken*, siehe Tour 6. *Beatenberg* (1146 m): auf Sonnenterrasse über dem Thuner See. Hotels, Ferienwohnungen, Gruppenunterkünfte. Sehenswert St. Beatus-Tropfsteinhöhlen. Verkehrsverein: CH-3803 Beatenberg; Tel.: 036-41 12 86. *Merligen, Sigriswil, Gunten, Aeschlen, Oberhofen, Hilterfingen-Hünibach.* Verkehrsverband Thuner See, Postfach 355, CH-3700 Spiez; Tel.: 033-54 72 56.

Weitere Tourenvorschläge:

o Beatenberg–Sieben Hengste–Habkern (6 Std.).
o Beatenberg–Sigriswiler Rothorn–Sigriswil (6 Std.).
o Habkern–Augstmatthorn–Habkern (5 Std.).

Auf dem Panoramaweg zwischen Niederhorn und Burgfeldstand. Im Hintergrund die Kette der westlichen Berner Alpen.

Seite 18 Oben: Der Sigriswilgrat mit dem Sigriswiler Rothorn begrenzt das Justistal im Westen.
Unten: Vom Güggisgrat blicken wir tief ins Justistal mit den Alpen Mittelberg und Hinterstberg hinein. Im Hintergrund (von links): Teil des Sigriswilgrates, Sichle, Schibe, Sieben Hengste. Rechts heben sich die Felsen des Burgfeldstandes kaum von denen des dahinterliegenden Gemmenalphorns ab.

Vom Brienzer Rothorn zum Brünigpaß

Tour 3

Brienz – Brienzer Rothorn – Eiseesattel –
Mederen – Käsern – Wileralp – Schäri – Brünig
Aelpli – Brünigpaß – Meiringen – Brienz

Der Brienzer See hat eine Größe von 30 Quadratkilometern (14 km lang, 2,5 km breit) und ist damit der kleinere der beiden nur durch das Bödeli getrennten Seen. Allerdings überbietet er den Thuner See mit seiner größeren Tiefe, die 261 Meter beträgt (zugleich größte mittlere Tiefe aller Schweizer Seen), der Thuner See hingegen ist nur 217 Meter tief. Die Aare bringt große Mengen kalten Gletscherwassers aus ihrem Einzugsgebiet in den melancholisch anmutenden See, der durch den Zufluß und seine Tiefe recht niedrige Temperaturen aufweist. Als Flottenstützpunkt der sechs Dampfer des Brienzer Sees dient Interlaken-Ost. Hier fährt sogar noch ein nostalgisches Dampfschiff der BLS-Flotte, die »Lötschberg«, ein Raddampfer aus dem Jahre 1914 – allerdings wurde inzwischen von Kohle- auf Ölfeuerung umgestellt.

Typische Oberländer Dörfer liegen am Nordufer des Sees, durch Straßen, Schienen oder Wasserwege miteinander verbunden. An der Hauptstraße stehen schöne Holzbauernhäuser. In Ringgenberg sind noch die Mauern einer mittelalterlichen Burganlage erhalten (im 13. Jahrhundert vom Hause Raron erbaut); sie umgeben schützend die alte Dorfkirche.

Am nordöstlichen Ende des Brienzer Sees liegt Brienz, erstmals im Jahre 1146 erwähnt als »Briens«, was soviel wie Anhöhe heißt. Aus der früheren Umladestation Tracht (von den Landwegen aufs Wasser) entstand das langgezogene Dorf mit seiner engen Durchgangsstraße, die heute ein Verkehrsproblem darstellt. Der Dorfkern von der Brunngasse bis zur altehrwürdigen Kirche auf dem Burgstollen strahlt mit seinen Holzhäusern aus dem 17. bis 19. Jahrhundert eine wohltuende Ursprünglichkeit und heimelige Atmosphäre aus. In Brienz befindet sich die einzige Schnitzlerschule der Schweiz, die 1927 (bis dahin privat geführt) vom Kanton Bern übernommen wurde. Der Ursprung des Holzschnitzhandwerks geht auf das Jahr 1816 zurück. Auf der Londoner Weltausstellung Anno 1859 erregte die Brienzer Holzschnitzerei großes Aufsehen. In der ersten Blütezeit zählte man weit über 1000 Holzschnitzler in

Brienz. Ein Besuch der Ausstellungsräume in der Schnitzlerschule lohnt sich. Auch eine Geigenbauschule befindet sich in Brienz, sie bildet anerkannt gute Fachleute dieses edlen Handwerks aus.

In unmittelbarer Nähe von Brienz wurde 1978 das Schweizerische Freilichtmuseum für ländliche Bau- und Wohnkultur auf einem über 50 Hektar großen, parkartigen Gelände eröffnet. Der Besucher kann inzwischen mehr als 50 Bauernhäuser und Nebenbauten aus 17 Kantonen, die hier wieder aufgebaut wurden, besichtigen.

Eine Fahrt mit der 1892 eingeweihten »Brienz-Rothorn-Bahn«, der letzten heute noch »fahrplanmäßig« verkehrenden Dampfzahnradbahn der Schweiz, zählt zu den reizvollsten Erlebnissen. Schon das allmorgendliche Zeremoniell auf der Talstation (gegenüber dem Bahnhof und Schiffsanleger am östlichen Ortsende von Brienz) ist unnachahmlich. Sieben schwarze Dampflokomotiven – davon fünf Jahrgang 1892 – und drei Dieselzüge bewegen sich vom Depot in Richtung Stationsgebäude. Sowohl die nostalgischen als auch die modernen roten Wagen fahren bei schönem Wetter mit offenen Fenstern, damit die Fahrgäste die herrlichen Ausblicke genießen können. Im Führerstand werden dreihundert Kilo Kohle verstaut und in die Tanks eintausendzweihundert Liter Wasser gefüllt. Die erste Bahn fährt um acht Uhr. Ein Start um neun Uhr ist auch noch früh genug, wenn man die bezaubernde Höhenwanderung zum Brünigpaß machen will. Durch prächtige Laubwälder, über duftende Bergweiden, durch Tunnels, über schmale Brücken und steile Rampen gewinnt die alte Dampflok langsam, aber stetig an Höhe. Sie faucht und prustet zum Erbarmen: »... ich schaff es noch, ich schaff es noch, ich schaff es noch!« – wir hören es deutlich. Dabei schickt sie weißen Wasserdampf und grauen Qualm gegen den Himmel. Auf der *Planalp* (Zwischenstation, 1341 m; von hier zu Fuß 3 Std. aufs Rothorn) muß die Dampflok Wasser nachfassen, bevor sie den mühsamen Weiterweg durch karge, von Schuttkaren durchzogene Alphänge fortsetzt. Die Planalp ist eine sagenumwobene und mit besonderen Alprechten ausgestattete Walserkolonie aus dem 14. Jahrhundert. Lötschentaler Bergbauern suchten hier bessere Weiden und Lebensbedingungen.

Nach einer knappen Stunde erreichen wir die *Bergstation* in 2244 Metern Höhe und steigen das letzte Stück, vorbei am Restaurant *Rothorn Kulm*, zu Fuß aufs *Brienzer Rothorn* (2349 m/¼ Std.). Auch Gehbehinderte können sich diesen Ausflug erlauben und mit einer der nächsten Bahnen ins Tal zurückkehren. Die Rundsicht vom Gipfel reicht über das Mittelland und den Jura bis zu den Vogesen und zum Schwarzwald – vom Säntis im Nordosten bis zu den Diablerets im Südwesten. Wir wollen es nicht bei diesem unbeschwerlichen Gipfelsturm belassen, sondern weiter zum Brünigpaß wandern. Bequem geht es hinab zum *Eiseesattel* (2025 m/+½ Std.; auf der Schweizer Landeskarte ohne Namen), einer breiten, graswachsenen Senke zwischen Rothorn und Arnihaaggen. Der Nordwesthang des Arnihaaggen beherrscht den stillen Eisee, der dadurch etwas Düsteres an sich hat. Dieser ebenfalls schöne Aussichtsberg kann in 1½ Stunden nach *Schönbüel* (Bergstation der

---

Seite 19 Sanft zieht sich der Steig unterm Wilerhorn entlang. In der Tiefe liegt das Haslital. Über dem grünen Bergrücken von Tschingel leuchten die bizarren Engelhörner.

Abwechslungsreich ist die Wanderung vom Brienzer Rothorn (Bildmitte) vorbei an der Alp Käsern zum Brünigpaß.

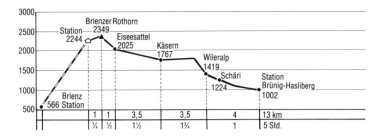

	1	1	3,5	3,5	4	13 km
	¼	½	1½	1¾	1	5 Std.

Luftseilbahn Lungern-Obsee) überschritten werden, jedoch ist die Rückkehr per Seil- und Eisenbahn im Verhältnis zur Kürze der Wanderung etwas zeitraubend. Wen das nicht stört, findet hiermit eine Alternative. Man kann auch von Lungern mit dem Postauto nach Sörenberg fahren und von dort mit der Seilbahn aufs Brienzer Rothorn zurückkehren.

Wir setzen unsere Wanderung fort und gelangen zu den obersten Alpweiden von *Gibelegg.* Türkisfarben leuchtet aus der Tiefe der Brienzer See herauf. Er gleicht aus dieser Perspektive einem norwegischen Fjord. Unser Pfad schlängelt sich zwischen niederem Erlengehölz und Latschen hindurch. Im Quellgebiet des Lammbaches sind drei Einzugsgräben zu durchschreiten. Nach kurzem Gegenanstieg und Queren der *Gummenalp* kommen wir nach *Käsern,* von den Einheimischen Chäseren genannt (1767 m/ +1½ Std.). Die Landschaft wird zunehmend lieblicher, die Alpenflora üppiger und bunter. Dabei zieht sich der Weg in einer Höhe von etwa 1800 Metern unter dem *Wilerhorn* entlang. Vom Brünig-

paß nach Schönbüel kann eine 4½stündige Gratüberschreitung durchgeführt werden (ideale kurze Rückkehrmöglichkeit per Seil- und Eisenbahn zum Paß). Immer wieder beeindrucken die großen Gegensätze am Wege: hier die silbrig schimmernden Fruchtstände der Anemone »Wildes Männele« und die vom Sonnenlicht durchstrahlten zarten, weißen Blütenköpfe eines Liliengewächses, dort die von Runsen und Tobeln zerfurchten, steil ins Tal abfallenden Hänge, an denen sich windzerzauste Arven festgeklammert haben. Sich über Alpweiden nach Osten wendend, wird das Weglein schmal und zeitweilig recht steil, wobei wir schnell an Höhe verlieren. Der Blick wird frei ins Haslital und über Meiringen hinweg zu den bizarren Engelhörnern. Von der *Wileralp* (1419 m/+1¾ Std.) sind die Bergwiesen nach Schäri hin zu queren. Auf schattigem Waldweg gelangen wir zum *Brünig Aelpli* (1118 m). Nun ist es nicht mehr weit zur *Brünigpaßstraße* nahe der Paßhöhe (1007 m) und zur Bahnstation *Brünig-Hasliberg* (1002 m/+1 Std.).

Touristische Angaben

Prächtiger Höhenweg über entlegene Alpwiesen und Berghänge. Von Brünig-Hasliberg/Station Rückkehr mit der Eisenbahn über Meiringen nach Brienz. Empfehlenswert: Rundfahrtbillet.
Beste Jahreszeit: Ende Juni bis Oktober/November.
Höhendifferenz: bei Fahrt mit der Brienz-Rothorn-Bahn ab Bergstation 150 Meter Anstieg, 1400 Meter Abstieg.
Reine Gehzeit: 5 Stunden.
Karte: Wanderkarte Oberhasli 1:50000, Herausgeber: Verkehrsverein Hasliberg oder Landeskarten der Schweiz 1:50000, Interlaken, Blatt 254 und Sustenpaß, Blatt 255.
Einkehrmöglichkeit: *Restaurant Planalp* (1341 m), *Alp Käsern* (1767 m).
Unterkunft: *Berghotel Rothorn Kulm* (2244 m), Hotelbetten und Touristenlager. Tel.: 036-51 12 32/51 12 21.
Talort: *Brienz* (566 m). Schöne Holzhäuser im alten Dorfkern. Besuchenswert in nächster Nähe: Axalp, Gießbachfälle. Hotels, Ferienwohnungen, Jugendherberge, Campingplätze. Verkehrsverein: CH-3855 Brienz am See; Tel.: 036-51 32 42. Weitere Kurorte am Nordufer des Brienzer Sees: CH-3852 *Ringgenberg-Goldswil,* CH-3853 *Niederried,* CH-3854 *Oberried/Eblingen.* Ferner am Südufer: CH-3807 *Iseltwald,* CH-3806 *Bönigen.* Jeweils eigener Verkehrsverein bzw. Informationsstelle im Ort. Hotels, Pensionen, Ferienhäuser.
Weitere Tourenvorschläge:
o Lungern–Brünig–Brünigpaß–Gallenblatten–Räuft–Schwand–Meiringen (3½ Std.).
o Brienz–Rauenhag–Gäldried–Egg–Planalp–Baalen–Sitschenen–Glyssen–Brienz (4 Std.).

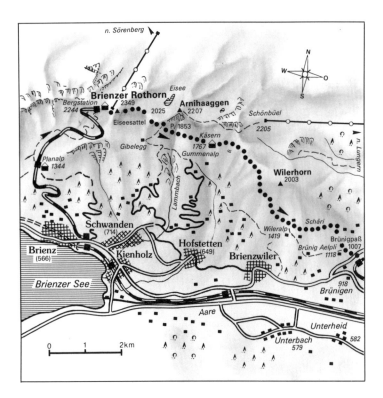

Bei der Fahrt mit der Brienz-Rothorn-Bahn bietet sich diese herrliche Aussicht über die Felsen von Dirrengrind hinweg auf den Brienzer See und die Kette der Berner Alpen.

Hasliberg-Rundwanderung

Tour 4

Brünigpaß – Wasserwendi – Käserstatt –
Hochsträss – Hochstollen – Mägisalp –
Halmersmad – Wasserwendi – Brünigpaß

Bereits im Mittelalter hatte das Haslital aufgrund seiner geografischen Lage große wirtschaftliche Bedeutung. Führen doch heute noch die berühmt gewordenen Alpenstraßen und -wege nach Norden, Osten und Süden über die Berge: der Brünigpaß im Norden, das Gental mit dem Jochpaß und das Gadmental mit dem Sustenpaß im Osten, das Haslital mit dem Grimselpaß und das Rosenlauital mit der Großen Scheidegg im Süden. Die wichtigste Verkehrsader war die Nord-Süd-Verbindung Brünig-Grimsel; neben dem Susten sind diese beiden Pässe noch heute die wichtigsten Alpenübergänge im Berner Oberland. Die Hasler, von jeher als tüchtiges, unerschrockenes Volk bekannt, nützten die verkehrsbedingten vielseitigen Möglichkeiten und lebten zu einem großen Teil von Handel und Verkehr. Gegen Ende des 19. Jahrhunderts zerstörten zwei Großfeuer das traditionsreiche Oberländer Dorf Meiringen bis auf wenige Häuser und vernichteten wertvolle Zeugen der Vergangenheit. Geblieben sind die mannigfaltigen landschaftlichen Reize der Region, die günstige verkehrstechnische Einbindung und damit verbunden die Möglichkeit von Fahrten und abwechslungsreichen Wanderungen zu Sehenswürdigkeiten und in benachbarte Seitentäler mit ihren lockenden Zielen, von denen hier nur einige genannt seien: Gletscherschlucht Rosenlaui; Alpbachfall; Reichenbachfälle: in ihnen sind die Wasserläufe des Rosenlauitales vereinigt; Aareschlucht, in Jahrtausenden von den Wassern der Aare geschaffen; sie ist bis zu 200 Meter tief und etwa 1400 Meter lang und zählt mit ihren vielen Kesseln, Grotten, Erkern und Gewölben zu den eigenwilligsten Naturwundern der Schweiz. Einsam blieb es im Urbachtal, zauberhaft, wenn auch etwas belebter, im Rosenlauital, durch herrliche Wanderrouten sowie einige Berg- und Sesselbahnen erschlossen der Hasliberg, eine Erholungslandschaft ohnegleichen. Von Waldschluchten durchzogene Matten werden unterbrochen von einzelnen Felswänden, belebt von verstreut liegenden Bauernhäusern und Heustadln. Auf kleinstem Raum finden wir behagliche Geborgenheit. Hier spricht der Bauer nicht von seinem Hof, sondern von seinem »Heimetli«, von seiner kleinen Heimat. Über allem, von voralpin grünen Bergen begrenzt, das Hochgebirge mit wildgezackten Felsen und gleißenden Gletschern. In der Zeit des erwachenden Alpinismus ent-

deckten englische Gäste das Oberhasli als Ferien- und Tourengebiet. Damals machten die legendären Bergführer Christian Almer (1826–1898) aus Grindelwald sowie Melchior Anderegg (1827 bis 1914) aus Zaun bei Meiringen – von seinen englischen Herren »King of the guides« genannt – von sich reden.

Selbst in der Back- und Konditoreikunst hat Meiringen, der Hauptort des Tales, Geschichte gemacht. Die weltweit bekannten weißen *Baisers* sind nämlich jene *Meringues*, die erstmals um 1600 von einem Konditor namens Gasparini in Meiringen hergestellt und von ihm nach dem Ort, in dem er arbeitete, benannt wurden, also *Meiring* (bzw. Meiringe im Plural). Schnell breitete sich die neuartige Gebäckerfindung unter mundartlich verschiedener Bezeichnung über Österreich, Süddeutschland, Frankreich und England aus. Königin Elisabeth I. von England nannte sie *kiss* – in Frankreich französierte man den ursprünglichen Taufnamen in *Meringue*. So traten die Baisers ihren friedlichen Siegeszug an und feierten in den höfischen Kreisen Frankreichs einen wahren Triumph. Wer weiß heute schon, daß ein Konditor aus Meiringen im Berner Oberland das Rezept der Baisers erfand.

Twing/Wasserwendi, der Ausgangspunkt unserer Hasliberg-Rundwanderung, liegt an der Strecke Brünig–Reuti–Meiringen und kann sowohl mit dem eigenen Wagen als auch mit dem Postbus erreicht werden. *Wasserwendi* (1160 m) ist das höchstgelegene Dörfchen auf dem Hasliberg. Bis Ende des 19. Jahrhunderts bedeutete die Seidenweberei neben der Landwirtschaft die Haupterwerbsquelle der Hasliberger. Mehr als 150 Webstühle sollen damals in Betrieb gewesen sein. Heute gibt es nur noch einige Weberinnen, die mehr auf privater Basis und vor allem mit Leinen weben. Dank der einzigartigen Wandermöglichkeiten angesichts des nahen Hochgebirges (auch ideal für Wintersport) kommt heute dem Fremdenverkehr die größte Bedeutung zu. Wer längere Wanderungen liebt, mag in zwei Stunden zu Fuß nach Käserstatt aufsteigen – zeitlich größeren Spielraum bietet die Bergfahrt mit der Gondel. Von *Käserstatt* (1831 m) begeben wir uns auf den Höhenweg nach der Planplatte, biegen jedoch bei den *Sennhütten* nach links ab. Schön ist der Blick über die grünen Almböden zur Wetterhorngruppe. Bis *Hochsträss* (oder Hohsträss) brauchen wir 1 Stunde oder wir fahren ab Käserstatt mit dem Sessellift, falls er betriebsbereit ist. Bald zweigt rechts ein Pfad zum *Faulenberg* ab: es ist der Auftakt zu einer prächtigen fünfstündigen Gratwanderung über den Gipfel des *Glockhaus*, von den Einheimischen Glogghus genannt, bis *Planplatte*. Wer nicht über entsprechende Erfahrung verfügt, sollte sich der Obhut eines Bergführers anvertrauen. Die Verkehrsvereine des Oberhasli informieren über Termine von Führungen (Anmeldung erforderlich).

Unser weiterer Anstieg führt zum *Wit Ris* (= Weitries), einem kleinen Sattel unter der steil zur *Alp Melchsee* abfallenden felsigen Ostwand des Hochstollen. Steiler als bisher geht es nun auf guten Felsstufen unserem Gipfelziel, dem *Hochstollen*, entgegen (2480 m/ 2 Std.). Hier bietet sich dem Wanderer eine prächtige Rundsicht in alle Himmelsrichtungen an – fast ist es überflüssig, zu erwähnen,

Vom Hochstollen blicken wir nach Osten auf Melchsee-Frutt sowie Melchsee, Tannensee und Engstlensee. Darüber der Firngipfel des Titlis.

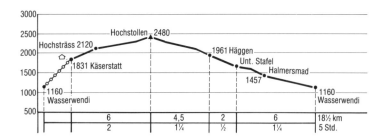

daß sich die Kette der Berner Alpen im Süden als eindrucksvolles Panorama darbietet. Lieblich in die Landschaft eingebettet und von schützenden Bergen umgeben, liegen im Osten tief unter uns die Seen von Melchsee-Frutt, Tannalp und Engstlenalp, überragt vom firngekrönten Titlis. Heißer Tip für eine Zwei-Tages-Tour: von Engelberg unterm Titlis zum Trübsee, weiter über den Jochpaß zu den Seen, die jetzt zu unseren Füßen liegen, Aufstieg (oder Sessellift) aufs Balmeregghorn, dann Planplatte, Gummenalp, Reuti, Meiringen. Nächtigungsmöglichkeiten sind unterwegs gegeben. Bei Abstieg nach Melchsee-Frutt (Vorsicht bei Abgschütz Punkt 2263!) muß mit weiteren 1½ Stunden Gehzeit gerechnet werden. Bis zur Stockalp fährt eine Gondel – oder zu Fuß auf dem alten Fruttweg in 3 Stunden nach Melchtal, einem schönen Bergdörflein mit Frauenkloster und Töchterinstitut. Weiter mit dem Bus nach Sarnen, mit der SBB zum Brünigpaß und per Bus nach Wasserwendi, falls der PKW dort steht.

Wir kehren auf der Anstiegsroute nach *Hochsträss* (2120 m) zurück (beim Abstieg vom Hochstollen an einigen Stellen im steilen, losen Geröll achtsam sein!). Ein schmales Steiglein senkt sich gegen Südosten zur *Mägisalp* ab. Bei den Hütten von *Häggen* machen wir Brotzeit (1961 m/+1¼ Std.). Über die blumigen Hänge von Fleschbielen gelangen wir, hier und da einen Abkürzer benutzend, zu den Wirtschaftsgebäuden der *Unteren Stafel* (1696 m/+½ Std.). Das folgende Alpsträßchen ist links und rechts von hohen Fichten umgeben – das monotone Rauschen des Alpbaches dringt an unser Ohr. Aufgepaßt: bei *Halmersmad Punkt 1453* zweigt rechts ein Waldweg ab – verträumt und absolut einsam. Ein Wegweiser zeigt kurz darauf in zwei verschiedene Richtungen nach *Wasserwendi* mit den handschriftlichen Zusätzen »direkt« und »Panoramaweg«. Natürlich entscheiden wir uns für den *Panoramaweg*, der zwar etwas länger, aber um so idyllischer ist. Er zieht sich den Wiesenhang entlang, dabei Wasserwendi halbwegs umgehend. Beim Panoramahotel betreten wir die Dorfstraße und brauchen jetzt nur noch zum Parkplatz bei der *Talstation* der Gondel hinabsteigen (1160 m/+1¼ Std.).

Touristische Angaben

Idyllische Bergwanderung am Hasliberg mit Gipfelbesteigung. Falls Abstieg nach Melchsee-Frutt: Vorsicht bei Abgschütz Punkt 2263!

Beste Jahreszeit: Mai/Juni bis Oktober/November.

Höhendifferenz: bei Gondelbahnbenutzung ab Bergstation Käserstatt 650 Meter Anstieg (zu Fuß ab Wasserwendi +670 m), 1320 Meter Abstieg.

Reine Gehzeit: ab Käserstatt 5 Stunden (ab Wasserwendi +2 Std.).

Karte: Wanderkarte Oberhasli 1:50 000, Herausgeber: Verkehrsverein Hasliberg oder Landeskarte der Schweiz 1:50 000, Sustenpaß, Blatt 255.

Einkehrmöglichkeit: *Berghaus Mägisalp* (1708 m/Nähe Untere Stafel). Räumlichkeiten für Anlässe aller Art. Tel.: 036-71 29 16.

Unterkunft: *Berghaus Käserstatt* (1831 m); Tel.: 036-71 27 86.

Talorte: *Brienz*, siehe Tour 3, *Meiringen,* siehe Tour 5. *Innertkirchen* (626 m). Hotels, Campingplätze. Sehenswert: Kraftwerke, Handweberei. Verkehrsverein: CH-3862 Innertkirchen; Tel.: 036-71 12 17.

Weitere Tourenvorschläge:

o Mägisalp–Planplatten–Balmeregg–Tannalp–Engstlenalp (4¾ Std.).

o Engelberg–Gerschnialp–Trübsee–Jochpaß–Engstlenalp–Tannalp–Melchsee Frutt (7 Std.).

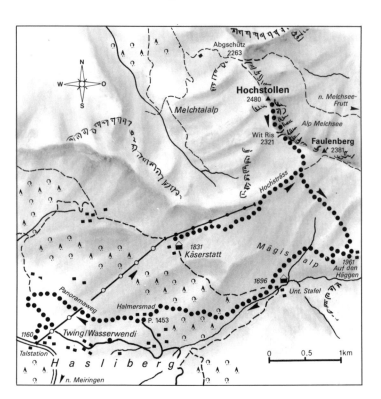

Von Käserstatt geht es bis zu dieser Alphütte auf dem Höhenweg Richtung Planplatten. Im Süden grüßen Wetterhorn, Mönch und Eiger.

Seite 28   Blick von Planplatten (Hasliberg) auf Rosenhorn, Mittelhorn und Wetterhorn. Vorgelagert Engelhörner und Wellhörner.

Rosenlauital und Hornseeli

Meiringen – Schwarzwaldalp – Alpiglen – Große
Scheidegg – Schafhubel – Gratschärem – Hornseeli – Pfanni – Schwarzwaldalp – Meiringen

Das Wetterhorn gilt als Wahrzeichen Grindelwalds. Wie die Eiger-Nordwand hat es das Tal der Schwarzen Lütschine stark geprägt und wurde entsprechend oft gemalt und fotografiert. Allerdings ist der Anblick des Wetterhorns von der Haslitaler Seite nicht minder eindrucksvoll. Schon früh war der Berg eine Herausforderung an die Grindelwalder Bergführer, die gerne diese Tour von ihrem Dorf aus angeboten hätten. Doch das Glück war ihnen nicht hold, denn die erste Besteigung des Wetterhorns, im Volksmund auch »Haslijungfrau« genannt, erfolgte 1844 von Rosenlaui aus. Erst 10 Jahre später konnte der kühne Gipfel aus dem Grindelwaldtal bezwungen werden. Einer der sieben Männer, die am 17. 9. 1854 gemeinsam auf dem Gipfel standen, war Christian Almer, jener legendäre Grindelwalder, dessen Laufbahn als Bergführer mit dem Wetterhorn begann. 1897, ein Jahr vor seinem Tode, stand er 71jährig das letzte Mal auf seinem »Hausberg«.

Und noch etwas hat dem Tal von Rosenlaui seinen unvergleichlichen Stempel aufgedrückt: der nahezu 4 Kilometer lange Felskamm des aus plattigem Kalkgestein bestehenden Kleinen und Großen Wellhorn, ein dem Wetterhorn nach Osten vorgeschobener Eckpfeiler. Etwas zurückgesetzt schließt sich die Gruppe der Engelhörner an, mit ihren etwa 30 Gipfeln ein Zauberwort für jeden Kletterer. Bei den Engelhörnern trifft der Alpinist auf rein felsiges Gelände, während die Wellhörner von Hengstern- und Rosenlauigletscher umflossen sind. Die Landschaft zu Füßen dieser Berggruppen strahlt eine unglaubliche Faszination aus. Um sie zu erfassen, zu verstehen, muß man sie sich erwandern – dabei immer wieder rastend und schauend, um in ihre geheimnisvolle Ausstrahlung hineinzulauschen.

Übrigens ist das Wetterhorn in die Seilbahngeschichte eingegangen. Der »Wetterhornaufzug«, in vier Sektionen bis auf den Gipfel geplant, war die erste für den Personenverkehr bestimmte und mit allen notwendigen Sicherheitsvorkehrungen ausgestattete Luftseilbahn der Welt. Nach 4jähriger Bauzeit wurde die erste Sektion im Sommer 1908 in Betrieb genommen. Die Gondeln überwanden im Pendelverkehr auf 560 Metern Bahnlänge einen Höhenunterschied von 420 Metern. Die mittlere Steigung betrug 118 Prozent. Die Kabinen hatten 8 Sitz- und 8 Stehplätze. Die Fahrt dauerte 8½ Minuten. Daraus ergab sich eine Transportkapazität von 110 Personen je Stunde in eine Richtung. Der Erste Weltkrieg stoppte den weiteren Ausbau und führte 1914 zur Stillegung der Seilbahn. Nachdem ein Felsblock die Maschinenanlage der Bergstation zertrümmert hatte, war das Ende dieses kühnen Projektes besiegelt. Beim Hotel Wetterhorn steht die Nachbildung einer Kabine (Gewicht 2400 kg) mit dem Originallaufwerk des Wetterhornaufzuges (1800 kg). Der Erfinder des Laufwerkes war Wilhelm Feldmann aus Köln. Noch heute kann man mit dem Glas die Reste der Bergstation in den Felsen des Wetterhorns erkennen.

Doch nun wollen wir uns auf den Weg zur *Großen Scheidegg* machen. Sowohl von Grindelwald als auch von Meiringen besteht von Juni bis Oktober bis zur Paßhöhe Postbusverkehr. Mit dem eigenen PKW darf man nur bis zur *Schwarzwaldalp* fahren, einem idealen Ausgangspunkt für Wanderungen in diesem Gebiet. Schon die Fahrt von Meiringen nach Rosenlaui auf sehr schmaler Straße mit etlichen Spitzkehren gleicht einem kleinen Abenteuer. Da heißt es aufpassen und auf Ausweichstellen achten, denn der Postbus hat immer Vorfahrt. Hinter Rosenlaui – 1771 eröffnetes Heilbad, heute Ausflugslokal, Hotel und Bergsteigerdomizil – weitet sich das Tal. Vor uns liegt die *Schwarzwaldalp* (1454 m), ein idyllisches Fleckchen Erde mit Engelhörnern, Wellhörnern und Wetterhorn als grandiose Kulisse. Im Gegensatz zu den schroffen, himmelwärts ragenden Felswänden im Osten begrenzen im Westen liebliche Gipfelhänge das Alpgebiet von *Alpiglen*. Dort stehen Gemschberg und Schwarzhorn über Wiesen voller weißer Wollgrasblütenköpfchen. Die kleinen Tümpel auf dem Chalberboden kurz unter dem Paß sind oft von Kühen umlagert. Überwältigend ist das Panorama, dem wir unerwartet auf der *Großen Scheidegg*, einem der ältesten Alpenübergänge, gegenüberstehen (1962 m/ 1¾ Std.). Um den Völkerscharen, die bisweilen mit dem Eintreffen eines Busses einhergehen, zu entrinnen, steigen wir noch die wenigen Höhenmeter auf den *Schafhubel* empor (2035 m). Jetzt sind wir ganz für uns, gefesselt vom Anblick der nahen, mehr als 1000 Meter steil auf die Große Scheidegg herabstürzenden Nordwand des *Scheideggwetterhorns*. Zwischen Oberem und Unterem Grindelwaldgletscher reckt sich das Schreckhorn spitz gegen den Himmel. Lieblich in den samtenen Talgrund eingebettet liegt Grindelwald zu unseren Füßen, überragt von der mächtigen Eiger-Nordwand. Im Westen ist der Talkessel vom Bergrücken des Lauberhorn, Tschuggen und Männlichen eingerahmt, im Norden von der Faulhornkette. Wir kehren zur *Paßhöhe* zurück (1962 m/+½ Std.), wo ein Berggasthaus zur Einkehr oder auch zur Nächtigung einlädt. Anschließend setzen wir die Wanderung auf dem *First-Faulhorn-Weg* fort, aber nur ein kurzes Stück. Bei *Gratschärem* (Punkt 2006) zweigt nach rechts der »Romantikweg« ab, ein wahrhaft idyllischer Pfad. Bei den Hütten von Scheidegg/Oberläger (1950 m) besteht die Möglichkeit, den direkten Abstieg nach Osten zu wählen oder weiter auf dem Romantikweg nach Norden zu bleiben, der

---

Seite 29   Eindrucksvoll baut sich das Klein Wellhorn mit seiner steilen Nordflanke über dem Rosenlauital auf.

Bergbauernhaus zwischen Großer Scheidegg und Grindelwald gegen Oberen Grindelwaldgletscher, darüber das Schreckhorn.

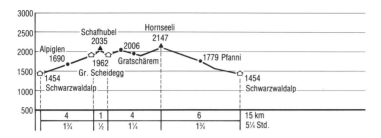

allerdings eine halbe Stunde länger ist. Doch warum sollten wir in einer solchen Prachtlandschaft den Weg abkürzen? Also weiter geradeaus. Nach Queren des Geißbaches in etwa 1900 Metern Höhe gabelt sich der Steig nochmals: während sich der Romantikweg weiter den Hang entlangzieht und nach Rosenlaui hinabführt, zweigt nach links ein schmales Steiglein ab, dem wir nun folgen und in etlichen Kehren unter dem *Schrybershörnli* wieder an Höhe gewinnen. Recht warm wird uns bei dem kurzen, aber steilen Anstieg. Dankbar spüren wir einen kühlenden Windzug über die Stirn streichen. Beim *Hornseeli* ist alle Mühe bald vergessen (2147 m/+1¼ Std.). Der See liegt versteckt in einer Senke – Ihren

Rastplatz wählen Sie besser einige Meter höher in den Felsen oder am grünen Wiesenhang. Von dieser herrlichen Aussichtskanzel abseits jeglichen Trubels lassen wir den Blick von den Engelhörnern bis zum Eiger und den Bergen über der Kleinen Scheidegg schweifen. Wer bricht hier schon leichten Herzens wieder auf ..., aber der Abstieg ins Rosenlauital hält noch viele schöne Ausblicke bereit. Steigspuren führen zunächst recht steil einen von Schieferplatten durchsetzten Grashang hinab (Vorsicht!), dann in die sanfte Mulde der *Alpe Breitenboden*. Auf bequemem Wirtschaftsweg wandern wir hinaus zu den Hütten von *Pfanni* (1779 m). Immer großartiger setzen sich Engelhörner und Wellhörner in Szene – entsprechend häufen sich auch die Fotopausen, denn jetzt werden die im Osten liegenden Hörner vom schönsten Nachmittagslicht umschmeichelt. Nach Überschreiten des Pfannibaches treffen wir wieder auf den Romantikweg, der in weitausholenden Kehren zur *Schwarzwaldalp* hinableitet (1454 m/+1¾ Std.).

Touristische Angaben

Landschaftlich außergewöhnlich reizvolle Wanderung; leicht.
Beste Jahreszeit: Ende Mai bis Oktober/November.
Höhendifferenz: 870 Meter Anstieg, 870 Meter Abstieg.
Reine Gehzeit: 5¼ Stunden.
Karte: Wanderkarte Oberhasli 1:50000, Herausgeber: Verkehrsverein Hasliberg oder Landeskarte der Schweiz 1:50000, Interlaken, Blatt 254; Berner Oberland, Zusammensetzung 5004.
Einkehrmöglichkeit: Brochhütte (Selbstversorgerhütte nahe der Schwarzwaldalp), nur sporadisch bewartet.
Unterkunft: Hotel-Restaurant Rosenlaui (1328 m), von Juni bis Oktober; Tel.: 036-712912. Hotel-Chalet Schwarzwaldalp (1454 m), März bis November; Tel.: 036-713515. Berghotel Große Scheidegg (1962 m), etwa Juni bis Oktober; Tel.: 036-531209.
Talorte: *Brienz*, siehe Tour 3, *Innertkirchen*, siehe Tour 4.
Meiringen (602 m): Heimatmuseum Hasli. Hotels, Ferienwohnungen, Campingplatz. Besondere Bedeutung kommt der St. Michaelskirche in Meiringen mit den Ausgrabungen der Vorkirchen zu. Sie ist die älteste und bis 1476 einzige Kirche des Haslitales. Die Ursprünge gehen bis in das 10. Jahrhundert zurück. Die heutige Kirche wurde 1684 erbaut.
Sehenswert im Nahbereich: Aareschlucht, Reichenbachfall, Gletscherschlucht Rosenlaui, Hotel Gießbach und Axalp, Gießbachfälle. Auf der Schulter der Nördlichen Haslitalseite liegen die Orte Hohfluh, Wasserwendi, Goldern und Reuti.
Verkehrsverein: CH-3860 Meiringen; Tel.: 036-714322.
Weitere Tourenvorschläge:
o Meiringen–Zaun–Axalp (5 Std.).
o Innertkirchen–Guttannen–Grimsel (7½ Std.).

Seelein auf dem Chalberboden unterhalb Großer Scheidegg mit Engelhörner und Wellhörner über dem Tal von Rosenlaui.

Durchs einsame Saxettal aufs Morgenberghorn

Wilderswil – Saxeten – Ramsermatten – Mittelberg –
Innerberg – Rengglipaß – Morgenberghorn –
Saxeten – Wilderswil

Vier Kilometer südlich von Interlaken liegt Wilderswil, Talstation der Zahnradbahn auf die Schynige Platte, die ihren Namen der Reflexion des Lichtes auf nassen Schieferplatten, die ins Tal hinab »schynen«, verdankt. Die Schynige Platte zählte schon vor dem Bau der Bahn, die im Mai 1893 eingeweiht wurde, zu den berühmten Aussichtsterrassen des Berner Oberlandes. In Breitlauenen (1542 m) mußte die Dampflok nach knapp 1000 Höhenmetern Anstieg eine Verschnaufpause einlegen, um den Wasserbedarf zu ergänzen. 1896 übernahmen die Berner Oberland Bahnen (BOB) die bis dahin von der Thunerseebahn betriebene Schynige-Platte-Bahn (SPB) als neue Eigentümer. 1914 folgte die Elektrifizierung der Strecke. Die Fahrstrecke beträgt 7257 Meter, der Höhenunterschied 1493 Meter und die Höchstgeschwindigkeit 11 Kilometer pro Stunde. Eine alte Dampflok ist noch heute in Betrieb. Sie steht für Sonderfahrten zur Verfügung und wird außerdem im Herbst und Frühjahr zum Ab- und Wiederaufbau der elektrischen Oberleitung in dem lawinengefährdeten oberen Abschnitt eingesetzt.

Das Bergdorf Wilderswil mit seinen typischen Oberländer Häusern, dem blumengeschmückten Dorfbrunnen auf dem Bärenplatz, der alten Mühle aus dem 16. Jahrhundert sowie anderen Sehenswürdigkeiten ist mehr als eine kurze Durchfahrt wert. Wilderswil liegt auf dem von Lütschine und Saxetbach in jahrtausendelanger Arbeit geschaffenen Schwemmboden. Schon oft zeigten sich die beiden Gewässer als wilde Gesellen – sie verwüsteten Teile des Dorfes oder bedrohten es ernstlich. So in den Jahren 1821, 1831, 1885, 1892, 1916, 1933. Danach gab es noch einige Male Hochwasser. Durch Eindämmungen, ständige Kontrollen sowie Verbesserungen und Erneuerungen der Uferbefestigungen ist die Gefahr heute zwar weitgehend gebannt, jedoch ist mit den Naturgewalten kein ewig Bündnis zu flechten. So trat der Saxetbach am 3. Juli 1987 nach einem heftigen Gewitter und starken Regenfällen erneut über seine Ufer. Gewaltige Wassermengen, Schutt, Schlamm und Bäume mit sich führend, stürzten auf das Oberdorf von Wilderswil herab und richteten entsprechenden Sachschaden an.

Der Weg zum Rengglipaß führt über Wiesenhänge und an Alphütten vorbei mit Blick auf das Morgenberghorn.

Leicht erhöht am Fuße des Abendberges (Aabeberg) steht die Ruine der aus dem 12. Jahrhundert stammenden Burg Unspunnen, dem einstigen Machtzentrum der Gegend. Die imposanten Überreste der ehemaligen Festung sowie der Blick auf das Dorf und zu den sich dahinter erhebenden Schneegipfeln des Jungfraumassivs lohnen den zehnminütigen Anstieg auf dem Plattenweg.

Als besonderes Kleinod darf der an Wilderswil angrenzende Weiler Gsteig mit Kirche und Friedhof bezeichnet werden. Die Kirche zu Gsteig gilt als einer der ältesten Orte christlichen Lebens zwischen den Seen und den Bergtälern. 1196 erstmals urkundlich erwähnt, lassen vorhandene Fundamente jedoch darauf schließen, daß die Urkirche noch mindestens 300 Jahre älter ist. Der heutige Bau stammt vorwiegend aus dem 12./13. Jahrhundert, jedoch wurde bis ins 17. Jahrhundert daran gebaut und erneuert. Durch den barocken Turmaufsatz von 1659 erhielt das Gotteshaus sein charakteristisches Äußeres. Ursprünglich stand hier am Übergang über die Lütschine ein alter Wachturm. Davon zeugen die großen, unbehauenen Blöcke im unteren Teil des Turmes. Gleich hinter der Kirche auf steil ansteigendem Gelände liegt der außergewöhnliche Friedhof von Gsteig. Einheimische und Fremde aus aller Herren Länder, schlichte Bürger und bekannte Persönlichkeiten fanden hier ihre letzte Ruhestätte. Es ist ein Platz zu Besinnung und innerer Einkehr.

Von der Station *Wilderswil* knapp 100 Meter auf der Hauptstraße talein, dann rechts dem Wegweiser nach *Saxeten* folgen: zu Fuß in 1¾ Stunden oder mit dem Postbus um 8.20 Uhr. Wir wollen zeitlich ungebunden sein und fahren mit eigenem Wagen bis *Saxeten* (1103 m). Dicht aneinandergedrängt und in ihrer Ursprünglichkeit gut erhalten geblieben finden wir die alten Holzhäuser vor. Oft sind die Schindeldächer noch mit Steinen beschwert. In *Saxeten Innerfeld* verläßt der *Renggliweg* die Fahrstraße, führt über einen Wiesenhang und schließlich durch den unteren Teil des mächtigen *Brandgrabens*, um jenseits zur *Ramsermatten* emporzusteigen. Üppig gedeiht die Alpenflora – die Bergwiesen gleichen einem bunten Blütenteppich von Arnika, Knabenkraut, lila Taubnessel, Margeriten und einer Fülle prall-knospiger Purpurenziane – und das noch Mitte August. Schwalmere und Morgenberghorn haben wir ständig im Blickfeld. Hinter der letzten Hütte der *Alp Innerberg* (1680 m/1¾ Std.) verlieren sich die Wegspuren, und es geht pfadlos zum weithin sichtbaren *Renggli* hoch (1879 m/+½ Std.). Eine kleine Verschnaufpause ist verdient, bevor wir den Gipfelanstieg über den Südsüdostgrat des *Morgenberghorns* angehen. Dabei wechseln Tiefblicke ins Suldtal (Westen) mit dem mächtigen Dreispitzmassiv darüber sowie ins Saxettal (Osten) mit dem tiefblauen Brienzer See dahinter. Die zu bewältigenden 400 Höhenmeter führen durch ein recht unterschiedliches Gelände, sind jedoch überwiegend unschwierig.

Über die *Gratschneide* geht es zu einem letzten Aufschwung, der durch eine von felsigen Runsen zerfurchte Flanke erstiegen wird. Hier heißt es ein wenig achtsam sein (vor allem beim Abstieg!). Vom *Gipfel* (2248 m/+1¼ Std.) bietet sich eine großartige Aussicht,

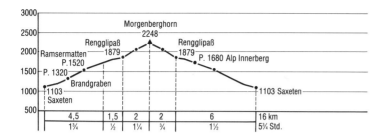

3000			Morgenberghorn				
2500			2248				
2000		Rengglipaß		Rengglipaß			
	Ramsermatten	1879		1879			
1500	P.1520			P. 1680 Alp Innerberg			
	P. 1320						
1000	Brandgraben						
	1103					1103 Saxeten	
500	Saxeten						
	4,5	1,5	2	2	6	16 km	
	1¾	½	1¼	¾	1½	5¾ Std.	

vor allem auf das Gebiet des Thuner und des Brienzer Sees und die Berggruppen der Berner Voralpen. Niesen und Stockhorn ragen aus dem Simmental heraus. Im Süden breitet sich die Kette der firnbedeckten Hochgipfel vom Haslital bis über das Kandertal aus, wobei die breite Masse des Schwalmere lediglich den Blick auf Eiger, Mönch und Jungfrau etwas beeinträchtigt. Doch wen stört das – der Schwalmere gehört ganz einfach in dieses Landschaftsbild. Übrigens, wer es etwas prickelnder liebt, leichte Kletterstellen, rutschige Grashänge, ausgesetztes Gelände und gar einen kleinen Kamin nicht scheut, dem sei der Anstieg über den *Leissiggrat* empfohlen, ab Saxeten für gute Berggänger ebenfalls 3½ Stunden.

Wir kehren auf der Anstiegsroute zum *Rengglipaß* zurück (+¾ Std.) und weiter zu den Weideböden von *Innerberg*. Das köstliche Quellwasser eines Brunnens labt unsere durstigen Kehlen. Der Blick geht noch einmal hinauf zum *Morgenberghorn*, einem Berg, der nicht nur seiner weitreichenden Rundsicht wegen gerne besucht wird, sondern auch als Zweitausender-Gipfel ein echtes

Erfolgsgefühl vermittelt. Während wir talwärts wandern, leuchtet in der Verlängerung des Saxettales der *Brienzer See*. Sein Anblick löst eine genießerische Vorfreude in uns aus. Das kann jedoch nur verstehen, wer sich wie wir nach der Wanderung an diesem heißen Sommertag in die kühlen Fluten des Sees stürzt – das ist unbeschreiblich erfrischend.

Wir haben jetzt die Sonne fast im Rücken. Wie hat sich seit dem Morgen alles gewandelt um uns her ... die Landschaft gleicht einem Gemälde, in sanften Pastellfarben hingezaubert. Im Brandgraben steigt aufgestaute Wärme auf, Mücken umsurren uns. *Saxeten* (1103 m/+1½ Std.) ist jetzt aus seinem Dornröschenschlaf erwacht. Spaziergänger ohne großes Ziel begegnen uns.

Touristische Angaben

Paßwanderung mit Besteigung eines beliebten Aussichtsberges. Vom Rengglipaß ist Übergang ins Suldtal möglich: vom Paß bis Aeschi 3 Stunden, weiter per Bus nach Spiez und mit der Eisenbahn zurück nach Wilderswil.

Beste Jahreszeit: Juni bis Oktober.
Höhendifferenz: 1150 Meter Anstieg, 1150 Meter Abstieg.
Reine Gehzeit: 5¾ Stunden.
Karte: Landeskarte der Schweiz 1:50 000, Interlaken, Blatt 254; Berner Oberland, Zusammensetzung 5004.
Einkehrmöglichkeit: *Saxeten* (1103 m).
Talorte: *Wilderswil* (601 m), zentral gelegener Ferienort, ruhig und gastlich. Diverse Sehenswürdigkeiten; Talstation der Bahn auf die Schynige Platte. Hotels, Pensionen; Camping. Verkehrsverein: CH-3812 Wilderswil; Tel.: 036-228455.
Interlaken (570 m), weltbekannter und vielbesuchter Kurort auf dem Bödeli zwischen Thuner und Brienzer See, Metropole des Berner Oberlandes. Sehenswert: die *Höhenmatte*, eine 14 Hektar große, von alten Bäumen gesäumte Wiese; sie ist vor Überbauung geschützt. Die Gebäude des landreichen Augustinerklosters dienen heute der Bezirksverwaltung. Eine besondere Attraktion bilden die etwa zwei Dutzend Pferdekutschen mit Hauptstandort am Westbahnhof. Viele Ausflugsmöglichkeiten, unter anderem per Bahn, Bus und Schiff. Etwa 70 Hotels und Pensionen; Ferienwohnungen. Campingplätze. Verkehrsverein: CH-3800 Interlaken; Tel.: 036-222121.
Weitere Tourenvorschläge:
o Wilderswil–Abendberg–Saxeten–Wilderswil (4½ Std.).
o Saxeten–Rengglipaß–Aeschiried (4½ Std.).

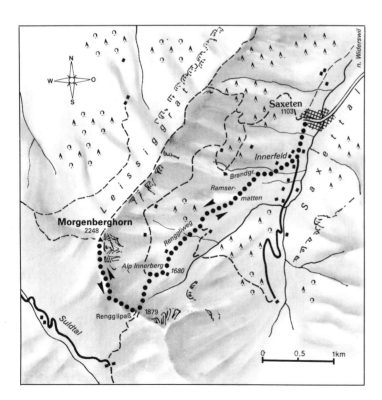

Rast auf dem Morgenberghorn. Hinter dem Grat vom Schwalmere: Eiger, Mönch und Jungfrau.

Seite 38 Oben: Bergwanderer kehren vom Morgenberghorn (rechts), einem beliebten Aussichtsberg, zum Rengglipaß zurück.
Unten: Der Schwalmere mit seinen abschüssigen Nordflanken (links der Bildmitte) riegelt das Saxetal im Süden ab.

Hühnertäli und Wildgärst

Grindelwald – First – Bachsee – Hagelsee –
Häxenseeli – Wart – Wildgärst – Wart –
Große Chrinne – First – Grindelwald

Das Grindelwaldtal, auch »Tal der Schwarzen Lütschine« genannt, ist ein geschlossenes Gebiet ohne Seitentäler. Gegen Grindelwald hin öffnet es sich zu einem weiten Kessel, im Norden begrenzt von den sanften Hängen der Faulhorn- und Schwarzhorngruppe, im Süden abgeriegelt durch die wuchtigen Bergmassive von Wetterhorn, Mättenberg und Eiger. In grauer Vorzeit war das Tal durch einen subalpinen Urwald von der Außenwelt abgeschnitten und nur schwer zugänglich. Das altdeutsch-keltische Wort *grindel* bezeichnet ein Stück Holz, das einer Abschrankung dient, *grindelwald* wäre somit eine waldige Talschaft, die gegen die übrige Welt abgeriegelt ist.

Der Sage nach erfolgte die Besiedlung des Grindelwaldtales im ersten nachchristlichen Jahrtausend durch heidnische Bergkelten, die über die Große Scheidegg (aus dem Haslital) und die Kleine Scheidegg (aus dem Lauterbrunnental) einwanderten. Die Höhensiedlungen sollen sich an oder über der Waldgrenze, zum Beispiel auf den Alpen von Alpiglen, Bustiglen, Bussalp und Grindel befunden haben, wo die Arbeiten des »Reutens« (Roden) weniger mühsam waren. Allmählich überwanden die Siedler ihre Scheu vor dem Wald und wilden Tieren im Talgrund und zogen immer tiefer in die milderen Regionen hinab, wo schließlich die Streusiedlung Grindelwald entstand.

1146 finden wir die erste schriftliche Fixierung des Namens Grindelwald (»Grinddwalt«) in einer Urkunde in Verbindung mit dem um 1133 gegründeten Augustinerkloster in Interlaken. Die Geschichte des einstigen Bergdorfes (heute Kur- und Fremdenort) ist eng verbunden mit der des Klosters, das schon früh seine Hände nach weltlichem Besitz ausstreckt und überall Grundbesitz erwirbt. Doch die Grindelwalder wehren sich energisch gegen den Zugriff des Klosters auf ihre Alpen, denn die Land- und Alpwirtschaft gilt seit uralten Zeiten – und auch heute noch – als eine der Existenzgrundlagen des Tales. 1191 gründet Herzog Berchtold V. von Zähringen die Stadt Bern und übernimmt 1224 die Schirmherrschaft für das Kloster in Interlaken. Mit ihren Grindelwalder Un-

tertanen hatten die Mönche jedoch oft Schwierigkeiten, denn wenn es einen Aufstand gab – wie etwa 1349 oder 1445 –, waren die »unrüwigen Grindeler« stets die treibenden Kräfte. Mit der Einführungsbotschaft der Reformation im Jahre 1528, der Aufhebung des Klosters sowie Verstaatlichung des Besitzes übernimmt Bern die Nachfolge des Augustinerklosters als größter Grundherr. Jedoch bereits im Oktober des gleichen Jahres beschließt ein Großteil der Oberländer die Wiedereinführung des alten Glaubens. Wiederum sind drei Grindelwalder die führenden Köpfe. Daraufhin schickt Bern Truppen ins Berner Oberland und läßt Grindelwald verwüsten. Die Talleute bleiben trotz allem ein eigenwilliges, selbstbewußtes Völkchen, das sich, wo es nötig ist, gegen die Obrigkeit auflehnt und sein Recht fordert. Ihren berechtigten Stolz haben sich die Grindelwalder bis heute erhalten.

Die Faulhorn-Schwarzhorn-Gruppe wird mit Recht wegen ihrer großartigen Aussicht auf die Berner Eisriesen gerühmt. Die sich nach Grindelwald absenkenden Südhänge mit ihren ausgedehnten Alpwiesen und lichten Bergwäldern sind von einem gut angelegten Wegenetz durchzogen, den Höhenwegen 1200 bis 2400. Sie werden an schönen Sommertagen gerne erwandert und sind in Verbindung mit der Firstbahn sowie dem Postbus zur Großen Scheidegg und zur Bussalp besonders für Familien mit Kindern und Senioren sehr geeignet. Eine anspruchsvollere Tour führt auf das Schwarzhorn, mit 2928 Metern höchster Gipfel des Gebietes. Wir wollen uns dem Nachbargipfel Wildgärst zuwenden, der nur wenig niedriger und unschwierig zu ersteigen ist und sich zudem mit der Wanderung durch eines der eigenwilligsten und einsam gebliebenen Tälchen verbinden läßt.

Von der *Bergstation First* (2167 m) folgen wir dem *Faulhornweg* bis kurz vor dem *Bachsee*, wo nach rechts das schmale Steiglein zum *Hagelsee* unter den bizarren Felsen des *Ritzengrätli* weiterführt. Schöner Blick nach Süden auf das Schreckhorn. Bei Punkt 2400 erreichen wir den *Sattel von Tierwang* und wandern nun nach Osten in die Mulde des *Hagelsees* hinab (2339 m/1½ Std.). Nach strengen Wintern liegt hier der Schnee an den Nordhängen bis in den Sommer hinein und spiegelt sich in der stillen Wasseroberfläche. Bis heute weiß man nicht genau, wo das Wasser abfließt – sicher aber unterirdisch. Wir durchschreiten den Talboden bis zu einer flachen Schwelle, über die wir ins seltsam leblose *Hühnertäli* gelangen. Bisweilen dringen die knarrenden Laute von Schneehühnern an unser Ohr. In dieser unbeschreiblichen Stille und Einsamkeit ist ihre Heimat. Nach Norden blicken wir durch das Tal des Gießbaches auf den Brienzer See. Unter dem *Widderfeldgrätli*, Ausläufer des Schwarzhorn-Südwestgrates, sind in dieser fast schwermütigen Landschaft ein paar Schneefelder zu queren. *Punkt 2480.* Etwas tiefer liegt wie verwunschen das *Häxenseeli.* Ein Windhauch kräuselt sein Wasser.

Weiter geht es, ohne Hast, aber auch ohne Rast, denn am Himmel brauen sich finstere Wolken zusammen, als wollten sie die Stimmung dieser Stunde noch unterstreichen. Schiefrige Platten, einzelne Felsbrocken, dann ein wildaufgerissenes Karrenfeld. Ein

Seite 39   Alpgebäude am Höhenweg 1600 »Bort-Bussalp« gegen Fiescherwand und Fieschergletscher (links) sowie Mittellegigrat (rechts).

Oberer Grindelwaldgletscher und Schreckhorn südöstlich von Grindelwald (Rückblick vom Weg zwischen Bachsee und Hagelsee, im Bild nicht sichtbar).

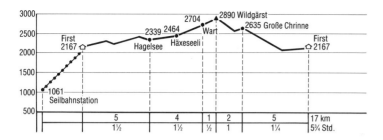

	5	4	1	2	5	17 km
	1½	1½	½	1	1¼	5¾ Std.

Wegweiser unter der Großen Chrinne trägt die Aufschrift »Hinterbirg«. Bald darauf stehen wir auf der *Wart*, dem Sattel zwischen Wildgärst und Schwarzhorn (2704 m/+1½ Std.). Über den breiten Schiefergrat und zum Teil loses Geröll ersteigen wir den *Wildgärstgipfel* (2890 m/+½ Std.). Eine prächtige Aussicht ins Oberhasli und zu den Bergen darüber belohnt für die überstandene Mühe.

Zur Wart zurückgekehrt, haben wir verschiedene Möglichkeiten des Weiterweges. Abstieg über das *Blaugletscherli* und *Zwischbächtälchen* zur *Schwarzwaldalp* oder zur *Großen Scheidegg*. Der Gletscher ist klein und trotz einiger Spalten für Bergwanderer mit entsprechender Erfahrung ohne Pickel und Seil relativ problemlos zu überqueren. Klettergewohnte, sehr trittsichere Berggänger können von der Wart auf Pfadspuren über verwittertes, brüchiges und zum Teil rutschiges Gestein das *Schwarzhorn* ersteigen. Empfehlenswerter ist allerdings die Normalroute aus dem Chrinnenboden (von First oder Großer Scheidegg).

Vom Wegweiser *Hinterbirg* kann man entweder auf der mor-

gendlichen Route zum *Bachsee* hinüberwandern und weiter auf lieblichen Pfaden über *Bussalp Oberläger* nach *Mittelläger* (etwa 2½ Std.), von hier mit dem Bus nach *Grindelwald*. Wer absolut trittsicher ist und Abklettern über Felsen und blanke Platten in einer Rinne nicht scheut, sollte mit uns über die *Große Chrinne* zu den Alpen von *Grindel* hinüberwechseln. Das Wegeschild bei Hinterbirg zeigt nur in die entsprechende Richtung nach Süden, keine Aufschrift oder Markierung. Ein ebenes Geröllfeld wird gequert, dann geht es ein steiles, vereistes Firnfeld höher und zum Schluß über unschwierige Felsen in die *Große Chrinne* (2635 m/+1 Std.). Schon der dramatische Anblick von Wetterhorn und Schreckhorn macht diesen Übergang interessant. Auch das Schwarzhorn mit seinem Südwestgrat beeindruckt aus dieser Perspektive sehr. Der Abstieg durch die Rinne erweist sich an einigen Stellen als heikel und ist bei Regen und Vereisung nicht ganz ungefährlich. Zwar ist die Passage nur kurz, jedoch für Ungeübte, denen Gewandtheit und Sicherheit fehlt, nicht empfehlenswert! Wer sich den Abstieg durch die Rinne nicht zutraut, kann ja immer noch nach *Hinterbirg* zurückkehren, sollte das steile *Firnfeld* abwärts allerdings möglichst schräg anschneiden. Wenn wir die kleinen Schwierigkeiten auf der Südseite der Großen Chrinne hinter uns gebracht haben, gelangen wir über Schutt und Geröll hinab in den *Chrinnenboden*. Zum Teil weglos stoßen wir schließlich auf den *Schwarzhornweg*, auf dem wir über *Schmidigen Bidmeren* zur *Bergstation First* zurückkehren (2167 m/+1¼ Std.).

Touristische Angaben

Einsame Gebirgswanderung in ungewöhnlicher Landschaft, mit Gipfelbesteigung. Für den Übergang *Große Chrinne* absolute Trittsicherheit erforderlich.

Beste Jahreszeit: Ende Juni bis Oktober/November.

Höhendifferenz: bei Sesselliftbenutzung bis Bergstation First 900 Meter Anstieg, 900 Meter Abstieg (zu Fuß von Grindelwald und zurück zusätzlich je 1100 Meter im An- und Abstieg).

Reine Gehzeit: bei Sesselliftbenutzung bis Bergstation First 5¾ Stunden (ab Grindelwald und zurück: +3¼ Std. Anstieg und 2 Std. Abstieg).

Karte: Landeskarte der Schweiz 1:50000, Interlaken Blatt 254; Berner Oberland, Zusammensetzung 5004.

Einkehrmöglichkeit: *Restaurant First* (2167 m).

Unterkunft: *Restaurant Bort*/Mittelstation der Firstbahn (1565 m). *Berghotel Große Scheidegg* (1962 m).

Talort: *Grindelwald*, siehe Tour 9.

Weitere Tourenvorschläge:

○ Bort–Hohlenwang–Bussalp–Grindelwald (3½ Std.).

○ First–Bachsee–Faulhorn–Bussalp–Grindelwald (5 Std.).

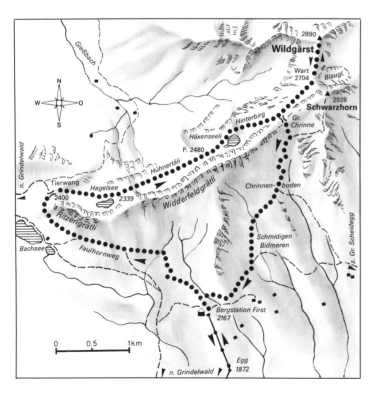

Unterm Widderfeldgrätli wandern wir durch das einsame Hühnertäli zum Häxenseeli.

Von Scharten durchzogen ist der dolomitähnliche Grat des Sägishorn (Sägissa), dessen senkrechte Felswände jäh ins Sägistal abstürzen.

Alpengarten Schynige Platte und Faulhornweg

Tour 8

Wilderswil – Schynige Platte – Oberberghorn –
Iselten/Oberläger – Sägistal – Gotthardloch –
Männdlenen – Faulhorn – First – Grindelwald

Ein botanischer Garten besonderer Art ist der 1929 eröffnete »Alpengarten Schynige Platte«, der sich die Aufgabe gestellt hat, die natürliche Vegetation der oberen subalpinen sowie der alpinen Stufe der Schweizer Berge zu zeigen, das heißt, im Bereich der Schynigen Platte oberhalb von 1500 bzw. 2000 m (gleichbedeutend oberhalb von 1800 bzw. 2300 m in den Zentralalpen). Auf einer Fläche von 8323 Quadratmetern wurden in 15 typischen Standortbereichen (Alpines Flachmoor, Lägerflur, Urgestein, Kalk-Schutthalde usw.) heimische Pflanzengesellschaften angesiedelt, soweit sie nicht bereits vorhanden waren. Zunächst mußten entsprechende Voraussetzungen geschaffen werden, um den Pflanzenarten ihre artspezifischen Wachstumsbedingungen zu bieten. So fehlte zum Beispiel eine Geröllhalde (Kalk-Schutthalde). Man schaffte das Geröll aus der Gegend des Gummihorns herbei, während die Bahn den Feinschutt lieferte. Stolz sind Initiatoren und Mitarbeiter des Alpengartens auf das künstlich geschaffene Urgesteinsfeld. Kristalline Gesteine mit ihrem Schutt und Sand fehlen auf der Schynigen Platte völlig. So verarbeitete man über 40 Tonnen Granit- und Gneisblöcke sowie Granitgrus aus dem Grimselgebiet und dem Einzugsbereich der Lütschine, damit im Alpengarten auch die attraktiven Pflanzen der Zentralalpen angepflanzt werden konnten.

In den Schweizer Alpen sind oberhalb der Baumgrenze (alpine Stufe, also ab 2000 bzw. 2300 m) etwa 620 Arten Blütenpflanzen und Farne anzutreffen. Im Alpengarten wurden bei letzten Zählungen etwas über 500 Arten festgestellt. Dabei handelt es sich neben jenen, die ausschließlich in der alpinen Stufe gedeihen, auch um solche Arten, die in der montanen und/oder subalpinen Region verbreitet sind, deren höchstes Vorkommen jedoch die alpine Stufe ist. Der Besuch des Alpengartens ist während der gesamten Vegetationszeit möglich. Jedoch ergeben sich unterschiedliche Blühperioden bei den verschiedenen Arten, da bestimmte Voraussetzungen in den Pflanzen selbst sowie ihrer Umgebung erfüllt sein müssen (z. B. Mindestalter, genügend Reservestoffe, tägliche Höchst- oder Mindestlichtdauer, Schneeschmelze, Bodenverhältnisse usw.). Der üppigste Blütenflor ist im Bergfrühling anzutreffen (ca. erste Hälfte Juli), die größte Zahl blühender Arten im Sommer (Ende Juli/Anfang August) und die prächtigste Entwicklung der Hochstauden im Herbst (Ende August/Anfang September).

Dieser botanische Garten, getragen durch den privaten »Verein Alpengarten Schynige Platte« (mit Unterstützung der öffentlichen Hand) wurde mit viel Mühe, Liebe und Enthusiasmus angelegt und gepflegt. Man sollte sich daher nicht – wie dies in etlichen Wandervorschlägen empfohlen wird – mit einer »Stipvisite« vor oder nach der Faulhorntour begnügen. Folgen Sie vielmehr unserem Vorschlag und setzen Sie einen ganzen Tag für den Alpengarten und seine prächtige Umgebung an. Morgens geht es mit der ersten Bahn von *Wilderswil* auf die *Schynige Platte* (1967 m). Zunächst machen wir den wunderschönen *Panorama-Rundweg*: entweder die kleine Runde über den Aussichtspunkt *Daube* (Tuba/ 2076 m/1¼ Std.) oder die größere über das *Oberberghorn* (2069 m/ 2½ Std.), dessen ungewöhnliches Aussehen von einem Felseinbruch herrührt, der zur Bildung eines riesigen, abgetrennten Turmes im Südosten des Gipfels geführt hat. Anschließend besuchen wir den *Alpengarten*, der einem Naturpark gleicht, und lassen uns von der Blütenpracht beglücken.

Am nächsten Morgen begeben wir uns auf einen der schönsten Höhenwege in den zentralen Schweizer Alpen, der uns den ständigen Anblick der Jungfraugruppe aus wechselnden Blickwinkeln beschert. Der Weg ist bestens markiert und beschildert und bedarf somit keiner großen Beschreibung. Lassen wir dennoch einige Etappen fragmentartig vor unserem Auge passieren. Vom *Stationsgebäude* kurz hinab ins *Alpläger Iselten/Oberberg*. Über eine Rippe, die das kleine Tälchen östlich begrenzt, halten wir auf das imposante *Loucherhorn* mit seinen langgezogenen Schuttfächern zu. Der Steig zieht sich gegen die Westflanke des Loucherhorns empor und wir schlüpfen durchs *Güwtürli* in eine völlig veränderte, wilde Urlandschaft hinüber. Wie im Seefeld oberhalb von Habkern (Tour 2) sowie im Stockhorngebiet (Tour 1) sind hier große Karrenfelder, auch Schratten genannt. Das helle Kalkgestein ist von parallelen Rillen unterschiedlicher Tiefe und Breite durchzogen. Es ist kaum zu fassen, daß auf diesem kargen Boden noch Pflanzen gedeihen und zarte Blütenköpfe sich im Winde wiegen. Welch ein Gegensatz dazu der von zahlreichen Scharten durchzogene, dolomitähnliche Grat von *Ussri* und *Indri Sägissa*. Senkrechte Felswände stürzen jäh ins Sägistal ab und zwingen uns, das Tal bis *Punkt 2276 (Gotthardloch)* auszugehen. Nun gelangen wir in das fremd anmutende, jedoch stimmungsvolle *Hühnertal*. Wie ein Amphitheater wirkt die von Rinnen durchfurchte, waagerecht geschichtete Nordwand der *Winteregg*, über die angeblich das Winterwetter nach Grindelwald gelangen soll. Vom Sattel bei *Männdlenen* (2344 m/3 Std.) mit der privaten Weberhütte geht es über Stufen einen Felshang hinan und auf dem breiten Grat der Winteregg bis zum Fuß des *Faulhorns*, das auf steilem Wiesenpfad leicht erstiegen wird (2680 m/+1¼ Std.). Von seinem höchsten Punkt genießen wir die vielgerühmte Aussicht zu den eisgepanzerten Bergriesen im Süden. Nach Norden fällt der Blick über das Sägistal hinweg auf den Brienzer See.

Im *Berghotel Faulhorn*, das 1832 (!) in der Südflanke des Faulhorns eröffnet wurde, herrscht jetzt Hochbetrieb. Es hat schon ganze

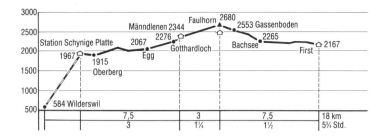

Höhendifferenz: bei Zahnradbahn- und Sesselliftbenutzung 800 Meter Anstieg, 550 Meter Abstieg.
Reine Gehzeit: bei Zahnradbahn- und Sesselliftbenutzung 5¾ Stunden.
Karte: Landeskarte der Schweiz 1:50 000, Interlaken, Blatt 254; Berner Oberland, Zusammensetzung 5004.
Einkehrmöglichkeit: *Restaurant First* (2167 m).
Unterkunft: *Hotel Schynige Platte* (1967 m), nur im Sommer; Tel.: 036-223431. *Weberhütte* (2344 m, zwischen Schynige Platte und Faulhorn), nur im Sommer; Tel.: 036-531706/534464. *Berghotel Faulhorn* (2680 m), nur im Sommer; Tel.: 036-532713/531025.
Talorte: *Wilderswil*, siehe Tour 6; *Interlaken*, siehe Tour 6; *Grindelwald*, siehe Tour 9.

Weitere Tourenvorschläge:

○ Mondscheinwanderung: Schynige Platte–Faulhorn–First, organisiert und geführt vom »Reisedienst Bahnen der Jungfrau-Region«. Auskunft Tel.: 036-231818. Abmarsch Schynige Platte etwa 1 Uhr nachts – Ankunft Faulhorn etwa 5.30 Uhr – Sonnenaufgang zwischen 6 Uhr und 6.30 Uhr.

○ First–Bachsee–Waldspitz–Bort–Grindelwald (4 Std.).

Völkerscharen an sich vorbeiziehen sehen und viele Gäste beherbergt. Einst kamen sie nicht nur zu Fuß, sondern hoch zu Roß oder im Tragstuhl. Heute ist es von der Bergstation First zum Faulhorn, dem meistbesuchten Aussichtsberg, fast nur noch ein Spaziergang, während die Wegstrecke zwischen Faulhorn und Schynige Platte an einigen Stellen schon ein wenig mehr Trittsicherheit erfordert. Der weitere Abstieg führt uns auf den Sattel des *Gassenbodens* (2553 m). Uns links haltend, steuern wir auf den malerischen Bachsee zu, in dessen klarem Wasser sich die Bergspitzen des Berner-Alpen-Hauptkammes spiegeln... Wetterhorn, Schreckhorn, Fiescherwand, Eiger-Nordwand – fast verschmelzen sie ineinander, während wir unter *Reeti* und *Simelihorn* zur *First* hinabwandern (2167 m/+1½ Std.). Mit der Sesselbahn schweben wir über saubere Alphänge und herrliche Wälder hinab nach *Grindelwald*.

Touristische Angaben

Aussichtsreicher und geologisch interessanter Höhenweg mit unschwieriger Gipfelbesteigung; zwischen Schynige Platte und Faulhorn-Bergweg.
Beste Jahreszeit: Anfang Juli bis Oktober (abhängig vom ersten Schneefall).

Oben: Von der Schynigen Platte blicken wir nach Osten auf Loucherhorn, Ussri Sägissa und Winteregg.
Unten: Auf den zerklüfteten Karrenfeldern zwischen Schynige Platte und Faulhorn fristet auch der Graue Alpendost sein karges Dasein (links). Das Edelweiß, Königin der Alpenblumen, beglückt jeden Wanderer (rechts).

Seite 48   Das apere Kalkgestein formte diese eigenwillige Karstlandschaft vor Ussri Sägissa.

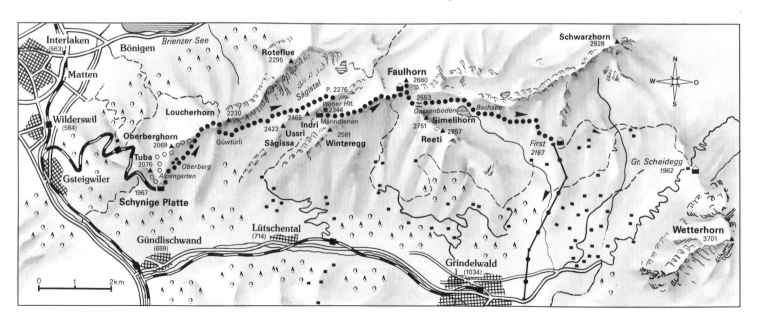

Männlichen – Kleine Scheidegg – Itramenwald

Grindelwald/Grund – Alpiglen – Bustiglen –
Männlichen – Kleine Scheidegg – Bustiglen –
Itramenwald – Grindelwald/Grund

Mit einer Fläche von 17130 Hektar ist Grindelwald flächenmäßig die zweitgrößte Gemeinde im Kanton Bern. Das Talbecken mit den darüber liegenden Alpen bot seinen Bewohnern seit jeher die Möglichkeit, ihren Lebensunterhalt durch Viehhaltung und Alpwirtschaft zu bestreiten. Doch hat sich die Situation heute stark gewandelt. Fanden Anfang des 20. Jahrhunderts noch rund 70 Prozent der Einwohner ihre Existenzgrundlage in der Landwirtschaft, sind es heute nur noch 10 Prozent. Gastgewerbe, Handel und Verkehr beschäftigen 65 Prozent, Handwerk, Baugewerbe und etwas Industrie 25 Prozent. Diese Umstrukturierung wurde durch den Fremdenverkehr beschleunigt.

Schon früh erkannten die Grindelwalder die Notwendigkeit, sich ihr Auskommen durch Alp- und Viehwirtschaft zu sichern. So wehrten sie sich entschieden gegen den Zugriff des Klosters von Interlaken auf ihre sieben schönen Alpen: Scheidegg, Grindel, Bach, Holzmatten und Bussalp auf der Sonnenseite des Tales, Itramen und Wärgistal auf der Schattenseite. Eine Grindelwalder Abordnung traf im Jahre 1404 erste schriftliche Abmachungen mit dem Kloster in Form des »Taleinungsbriefes«, der im Laufe der Jahrhunderte je nach Erfordernis ergänzt oder präzisiert wurde. Jedoch blieb er in seinen Grundzügen gleich und hat noch heute für das Alpreglement volle Gültigkeit. Die letzte Neufassung stammt aus dem Jahre 1923. Die wichtigsten, bereits aus der Urfassung übernommenen Bestimmungen sind:

1. Nutzung der Alpen auf genossenschaftlicher Basis
2. Unveräußerlichkeit des Alpbodens
3. Die Alpen können nie Eigentum des einzelnen werden
4. Die Bergrechte und damit Alprechte sind mit dem Talbesitz gekoppelt (zugleich Regelung der Beweidungszahl).

Wer sich einmal mit den Einzelheiten des Taleinungsbriefes befaßt, ist erstaunt über die Weitsichtigkeit und Zweckmäßigkeit dieser alten Übereinkunft zur Sicherung der Bauernschaft im Tal.

In der Zeit von 1751 bis 1903 bauten die Talbewohner im Bereich des Unteren Grindelwaldgletschers intensiv den rötlichen Marmor ab, aus dem unter anderem die Säulen des Berner Bundeshauses angefertigt wurden. Durch das Vorrücken des Gletschers war der Marmorbruch etwa 100 Jahre lang vom Eis bedeckt. Dadurch fand der Marmorabbau von 1760 bis 1867 eine Unterbrechung.

Ein vorübergehender, jedoch wichtiger Wirtschaftsfaktor war der Verkauf von Kühlschrankeis, das in 75 Kilogramm schweren Blöcken aus dem Unteren Grindelwaldgletscher geschnitten wurde. Im Sommer 1876 waren 60 Arbeiter damit beschäftigt, und in Spitzenzeiten wurden täglich bis zu 600 Blöcke herausgeschnitten. Der Transport allerdings zeigte sich als echtes Problem, denn die Blöcke erreichten Interlaken bereits mit einem Schwund von 30 Prozent. Mit der Erschließung des Tales durch den Bau der Bahn (1890) wurde der Transport wesentlich erleichtert. Seitdem das Kunsteis erfunden war, lohnte sich der Eisabbau nicht mehr.

Wer im Anblick von Eiger, Mönch und Jungfrau unterwegs sein will, sollte sich der Steighilfen durch die Bergbahnen bedienen, die sich zeit- und kräftesparend in den Ablauf einer Tageswanderung integrieren lassen. So empfehlen wir für die folgende Rundwanderung die Fahrt mit der *Wengernalpbahn* (WAB) von *Grindelwald/Grund* bis *Alpiglen* (1616 m; zu Fuß 2 Std.). Ein breiter Weg zieht sich am Rande des Bustiglenwaldes gegen die *Kleine Scheidegg* hoch. Nach etwa 45 Minuten zweigt rechts ein *Wirtschaftsweg* ab und wir kommen auf dem *Höhenweg 2000* kurz hinter der Schleppliftstation *Arvengarten* zur *Alp Bustiglen* (1878 m/1 Std.). Die Gebäude links liegen lassend, wenden wir uns bei der nächsten Weggabelung nach *Norden* (rechts geht es nach Grindelwald, links zur Kleinen Scheidegg). Ein verträumtes Steiglein schlängelt sich zwischen knorrigen Arven hindurch. Nach Queren der obersten Weiden von Gummi münden die steiler gewordenen Pfadspuren in den von der *Kleinen Scheidegg* herüberkommenden Weg (links die Bergstation der Gondel Männlichen–Grindelwald), der uns alsbald zum *Bergrestaurant Männlichen* bringt (+1½ Std.). Hier findet alljährlich am ersten Wochenende im Juli sowie an einem Wochenende Mitte August ein Trachten- und Älplerfest statt, die »Männlichen Chilbi«. 1986 ging diese Tradition bereits ins 27. Jahr und wird seit dieser Zeit von den Darbietungen der »Trachtengruppe Buochs« aus dem Kanton Nietwalden (Nähe Vierwaldstätter See) bereichert. Da wird getanzt, musiziert und gesungen. Fahnenschwingen, Alphornblasen und Peitschenknallen (*Geisslenchlöpfen*) stehen auf dem Programm.

Wer gerne einmal dabeisein möchte, sollte sich für diesen Tag am besten nur eine kurze Wanderung aussuchen, von denen es im Gebiet Grindelwald–Männlichen–Kleine Scheidegg eine Fülle gibt. Zur Krönung des Tages könnte man vom Männlichen mit der Gondel nach Grindelwald hinabschweben. Dieses schwerelose Hinabgleiten in einer Traumlandschaft ist ein ganz besonderer Genuß. Außerdem besteht die Möglichkeit der Talfahrt mit der Seilbahn vom Männlichen nach Wengen, durch die Wengernalpbahn verbunden mit der Kleinen Scheidegg und Lauterbrunnen.

Doch wir wollen jetzt auf den Gipfel des *Männlichen* steigen (2342 m/+½ Std.), der uns eine einzigartige Rundsicht auf die um-

Seite 49 Das Wetterhorn, Wahrzeichen Grindelwalds, hat das Tal der Schwarzen Lütschine stark geprägt (im Bild eines der Hotels von Grindelwald).

Großartiges Panorama über der Kleinen Scheidegg: Jungfraumassiv mit Schneehorn und den beiden Silberhörnern.

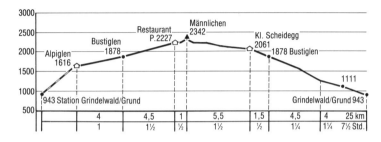

4	4,5	1	5,5	1,5	4,5	4	25 km
1	1½	½	1½	½	1¼	1¼	7½ Std.

liegenden Bergketten und Täler beschert. Über dem tiefeingeschnittenen Lauterbrunnental der Schwarze Mönch und die Sonnenterrasse von Mürren – im Süden das Dreigestirn Eiger, Mönch und Jungfrau... und gerade ihr Anblick bleibt uns auf dem folgenden *Panoramaweg* zur *Kleinen Scheidegg* ständig erhalten – mehr noch: die firngekrönte Gipfelparade türmt sich mit jedem Schritt gewaltiger vor uns auf. Es ist verständlich, daß auf diesem Wegstück (nicht zuletzt auch der leichten Erreichbarkeit wegen) wahre Völkerscharen lustwandeln. Auf der *Kleinen Scheidegg* (2061 m/+1½ Std.), Bahnenknotenpunkt zwischen Grindelwald, Lauterbrunnen und Jungfraujoch, wimmelt es nun erst recht von Menschen aller Nationen. Doch das muß man schon in Kauf nehmen, denn niemand kann eine so großartige Landschaft für sich allein beanspruchen.

Gut 2 Stunden braucht man von hier auf dem Normalweg nach Grindelwald, zeitsparender ist es mit der Bahn, reizvoller talwärts wandernd durch den *Itramenwald*. Beim Wegweiser geht es in

nordöstlicher Richtung hinab nach *Bustiglen* (1878 m/+½ Std.), weiter auf kaum begangenem Steiglein, dabei den Geländeeinschnitt »*Im fysteren Graben*« rechts lassend. Der Pfad führt durch hohen Altwald. Im Unterholz stehen üppige Farne und bis zu ein Meter hoher Dost. Wir durchstreifen den wildromantischen, völlig einsamen *Itramenwald*, verlieren ständig an Höhe, treten schließlich aus dem Wald hinaus auf eine Lichtung mit ein paar idyllischen Tümpeln. Links der Seelein hohe Bäume, rechts von uns kräftiger Purpurenzian und zarte Wollgrasstauden. Dann nimmt uns die Stille des Waldes wieder auf. Plötzlich wird der Blick frei auf die Faulhornkette im Norden sowie Wetterhorn und Oberer Grindelwaldgletscher im Osten. Bei *Punkt 1396 nicht* Richtung Brandegg und Grindelwald, sondern dem Hinweis nach *Habsucht* folgen. Von Habsucht (etwa Höhe 1320 m/+1¼ Std.) ist Rückkehr mit dem Bus ins Tal möglich oder, wie wir es taten, in beschaulicher Wanderung. Schön ist dabei der Blick auf das Bergdorf *Grindelwald* (die Einheimischen sehen es heute als Kur- und Fremdenort), das inmitten sattgrüner Almen und stattlicher Wälder eingebettet liegt (943 m/+1¼ Std.).

Touristische Angaben

Genußreiche Alp- und Paßwanderung mit leichter Gipfelbesteigung. Kann bei Benutzung von Wengernalpbahn und Männlichen-Gondel abgekürzt werden.
Beste Jahreszeit: Anfang Juni bis Ende Oktober (bzw. ersten Schneefall).
Höhendifferenz: ab WAB-Station Alpiglen 750 Meter Anstieg (ab Grindelwald-Grund +650 Meter Anstieg), 1400 Meter Abstieg.
Reine Gehzeit: ab Alpiglen 7½ Stunden (ab Grindelwald +2 Std.)
Karte: Landeskarte der Schweiz 1:50000, Interlaken, Blatt 254; Berner Oberland, Zusammensetzung 5004.
Unterkunft: *Alpiglen* (1616 m/nur Sommer), *Bergrestaurant Männlichen* (2227 m/nur Sommer), diverse Restaurants und Hotels auf der *Kleinen Scheidegg* (2061 m/Sommer und Winter).
Talorte: *Grindelwald* (1050 m). Berühmtes Bergsteigerdorf am Fuße des imposanten Dreigestirns Eiger, Mönch und Jungfrau. Mit etwa 10000 Betten in Hotels, Ferienwohnungen und -heimen heute bedeutender Kur- und Fremdenort. Jugendherberge. Campingplätze. Bergsteigerschule. Sehenswert: Gletscherschlucht und Blaue Eisgrotte.
Verkehrsverein: CH-3818 Grindelwald; Tel.: 036-53 12 12.
Weitere Tourenvorschläge:
o Männlichen – Wengen – Spätenalp – Burglauenen Station (3½ Std.).
o Grindelwald – Kleine Scheidegg – Wengen – Lauterbrunnen (6½–7 Std.).

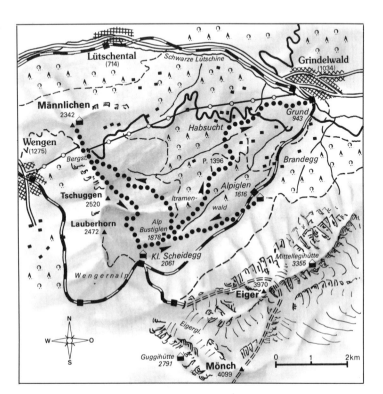

Auf dem Scheideggweg geht es in sanfter Steigung im Anblick von Lauberhorn und Tschuggen zur Alp Bustiglen.

Im Schatten des Eiger

Grindelwald/Grund – Kleine Scheidegg – Lauberhorn –
Kleine Scheidegg – Station Eigergletscher – Alpiglen –
Trychelegg – Grindelwald/Grund

Wir zählen das Jahr 1871. Der Bau einer Bahn auf die Rigi (am Vierwaldstätter See), der ersten Zahnradbahn der Schweiz, ist vollendet. Neue Wünsche entstehen, Pläne werden geschmiedet, eine Bahn auf den Gipfel der Jungfrau zu bauen. Dabei ziehen Jahre ins Land. Im Juni 1893 wird die Wengernalpbahn (WAB) zwischen Lauterbrunnen, Kleiner Scheidegg und Grindelwald eröffnet. Kurz darauf beobachtet der Zürcher Industrielle Adolf Guyer Zeller, der sich seit Jahren mit dem Problem einer Bahn auf die Jungfrau beschäftigt, vom Schilthorn aus, wie der Zug von Lauterbrunnen zur Kleinen Scheidegg hochfährt. Intuitiv kommt ihm die Idee, die Jungfraubahn auf der Scheidegg starten zu lassen. Noch in der Nacht skizziert er den ihm vorschwebenden Routenverlauf. Dieser Entwurf wird später nur unwesentlich verändert. Im Dezember desselben Jahres reicht er seine Pläne ein und erhält ein Jahr später die Konzession. Doch vor Baubeginn ist zu untersuchen, ob medizinische Bedenken gegen das Projekt sprechen. Im September 1894 bricht eine Gruppe von Zermatt zum Breithornplateau (ca. 3750 m) auf, um hier die erforderlichen wissenschaftlichen Kenntnisse zu sammeln. Das Ergebnis entkräftet den Einwand der Gesundheitsschädigung (beim Bau sowie späterer Benutzung).

1896 wendet sich Zeller an die Öffentlichkeit. Es werden 10 Millionen Franken für die in dieser Höhe veranschlagten Baukosten gezeichnet, so daß im Juli mit den Arbeiten begonnen werden kann. Es ist ein abenteuerliches Unternehmen, das viel technisches Neuland berührt und Wagemut erfordert. Zwei Jahre später ist der durch offenes Gelände führende erste Bauabschnitt bis zur Station Eigergletscher (2320 m) fertiggestellt. Hunderte von Männern richten sich auf den nahenden Winter ein. Es muß für mehrere Monate Proviant heraufgeschafft werden, denn die Arbeiten gehen weiter. Nun wird dem Eiger ernstlich zuleibe gerückt, ein Tunnel in den Berg gegraben, gebohrt, gesprengt. Anfang März 1899 ist die spätere Station Eigerwand erreicht. Kaum einen Monat später erliegt der Motor dieses tollkühnen Projektes, Adolf Guyer Zeller, einem Herzschlag. Das ist ein schmerzlicher Verlust. Erst vier Jahre später, im Juni 1903, fährt die Bahn bis zur Station Eigerwand (2865 m), und im Juli 1905 können die ersten Touristen die

Station Eismeer (3159 m) erreichen. Nach Sicherstellung der Summe von 3,5 Millionen Franken für die Baukosten bis zum Jungfraujoch gehen die Arbeiten weiter. Die außergewöhnlich harten und schwierigen Arbeitsbedingungen in der Hochregion zehren an den Nerven und physischen Kräften der Männer. Es kommt zu Streiks. Zu allem Übel explodieren auch noch 150 Kisten mit 30000 Kilogramm Dynamit, fordern jedoch zum Glück kein Menschenleben. Trotz aller Schwierigkeiten kämpfen sich die Kolonnen mit Menschen- und Maschinenkraft, Bohrmaschinen und Sprengsätzen quer durch den Mönch hindurch bis zum Jungfraujoch empor. Es ist Februar 1912. Am 1. August 1912 wird nach 16jähriger Bautätigkeit auf dem Jungfraujoch (3454 m) der höchste Schienenbahnhof Europas eröffnet. Der ursprünglich geplante letzte Bauabschnitt bis auf den Gipfel der Jungfrau wird nicht mehr in Angriff genommen. Eines der sensationellsten Erschließungsprojekte in der Jungfrauregion ist beendet... hoffen wir, für immer.

Vor unserer Bergabwanderung unter der Eigerwand statten wir dem *Lauberhorn* (2472 m), bekannt für das alljährlich im Januar oder Februar stattfindende »Lauberhornrennen«, einen Besuch ab. Die Lauberhornstrecke ist die längste Abfahrtsstrecke im Weltcup.

Im Sommer ist es still auf dem Gipfel. Der Zeitersparnis wegen fahren wir von der *Kleinen Scheidegg* mit dem Sessellift hoch. Prächtig ist der Tiefblick in die Täler der Schwarzen und Weißen Lütschine, eindrucksvoll der Blick in die Eiger-Nordwand und auf das Jungfraumassiv mit den in der Morgensonne leuchtenden Silberhörnern. Weiter nach Westen folgen Breithorn, Tschingelhorn, Gspaltenhorn und Blümlisalp. Beim Abstieg zur *Kleinen Scheidegg* (2061 m/¾ Std.) wächst die eisgepanzerte Felsbarriere über uns gegen den Himmel empor. Bis zur Station *Eigergletscher*, dem Beginn des Abstieges unter der Eigerwand, fahren wir mit der Jungfraubahn oder folgen dem nahe der Bahngleise verlaufenden Weg (2320 m/+1 Std.). Vor der letzten Halle (Reparaturhalle der Jungfraubahnen) die Gleise queren und die Treppe hoch zum *Salzegg-Skilift*. Nun geht es nur noch bergab. Auf Pfadspuren (weder Wegweiser noch Markierungen) treten wir dem Eiger unter steil aufragenden Felswänden auf die Zehen, glauben für Augenblicke das Rumoren des Unbehagens über unser Tun in seinem Innern zu hören, spüren den kalten Hauch der gefürchteten Nordwand, auch »Mordwand« genannt. Sie ist die berüchtigste aller Nordwände in den Berner Alpen, objektiv sehr gefährlich (Steinschlag) und bei schlechten Verhältnissen äußerst schwierig. »Gefahren – Schwierigkeiten – Motivation – Erfolg und Mißerfolg – Prüfstein – nie sieht sie einladend aus, höchstens herausfordernd«, sagt Hans Grossen in »Berner Oberland – die 100 schönsten Touren« (für extreme Hochalpinisten, im Verlag Carta bei Bruckmann). Eine Herausforderung war die Wand für ihre Erstbesteiger A. Heckmaier, L. Vörg, F. Kasparek und H. Harrer (21.–24. 7. 1938) – nicht weniger für die Besten unter den Hochalpinisten, die nach ihnen kamen.

So auch für den Alleingänger Thomas Bubendorfer am 24. Juli 1983. In seinem Buch »Die Qualität des nächsten Schrittes«

Schuttbahnen ziehen unter den senkrechten Felswänden des Rotstocks zu Tal (nahe Station Eigergletscher). Der Gipfel des Eiger hat sich weit zurückgelehnt. Links das Wetterhorn.

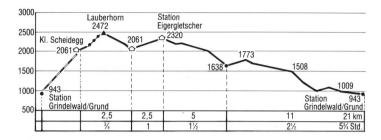

schreibt er: »... kein Seil, kein Haken – nichts, um mich selbst zu sichern, trug ich mit. Eine Flasche Mineralgetränk, Schokolade, Nüsse. Kein Anorak, kein Biwaksack, kein Pullover, keine Rettungsleuchtrakete – nichts. Hier in der Wand mußte ich mir selbst und absolut genug sein. Am Gipfel nach weniger als fünf Stunden Kletterei...«. Welten liegen zwischen dem Monat Juli der Jahre 1938 und 1983.

Steigspuren führen in eine Mulde hinab und wieder zu einer schwach ausgeprägten Anhöhe hinauf. Sitzbänke aus Naturstein laden zur Rast ein. Lieblich ist der Blick zur Almregion unter Lauberhorn, Tschuggen und Männlichen. Bald verliert sich der Pfad auf einem grünen Rücken. Das Schnarren eines Schneehuhns zieht durch die Stille. Geröllfelder wechseln mit kuppigen, rasigen Hängen. Zielrichtung ist das *Wetterhorn* über Grindelwald. Einige Male sind Bäche und Rinnen zu durchqueren – jetzt harmlos, doch wie mögen sie zur Zeit der Schneeschmelze aussehen. Es ist schon faszinierend, unmittelbar unter der Eiger-Nordwand zu wandern,

weglos nach eigenem Gespür abzusteigen. Nur das Rauschen der Wasser weiter oben in den Felsen dringt an unser Ohr. Auf erhöhtem Plateau ein paar Bergsteigerzelte. Wer diesen Weg geht, sollte sich eine Karte mit den Nordwandrouten mitnehmen – vielleicht entdeckt er Seilschaften in der Wand. Lange Zeit zieht sich der »Weg« in etwa 2000 Meter Höhe direkt unter der Eigerwand entlang, dabei *nicht* zu nahe in den Schutthang hinein. Das Gelände ist gut überschaubar, und man kann immer feststellen, wo etwa man sich befindet. Allerdings werden wir hier kaum auf einen Wanderer stoßen.

Im Langenegg-Graben können wir uns eine geeignete Spur hinab nach *Alpiglen* suchen (um eventuell einzukehren und/oder mit der WAB nach Grindelwald zurückzukehren) oder weiter weglos zum Höhenweg zwischen Alpiglen und Bonera absteigen, den wir bei *Punkt 1638* erreichen (+1½ Std.). Hoch über dem Wärgistal führt der reizvolle und aussichtsreiche Weg in ständigem Auf und Ab schließlich zur *Alp Boneren*. Auch in umgekehrter Richtung (Grindelwald/Gletscherschlucht, Bonera, Alpiglen) ist es eine ausgesprochen idyllische Wanderung, die uns immer wieder reizt. In einigen Kehren, über Felsstufen und drei Eisenleitern nähert sich der Weg bei Bonera der Schlucht des *Unteren Grindelwaldgletschers*. In etwa 1100 Metern Höhe kommen wir an einen Wegweiser und entscheiden uns hier, statt zur »Gletscherschlucht« die Richtung *Trychelegg* einzuschlagen (etwas länger, aber sehr romantisch). Bald darauf gelangen wir nach *Grindelwald/Grund* (943 m/+2½ Std.).

Touristische Angaben

Abwechslungsreiche Höhenwanderung, vorwiegend bergab (zwischen Station Eigergletscher und Alpiglen z. T. weglos).
Beste Jahreszeit: Ende Juni/Anfang Oktober (bzw. erster Schnee).
Höhendifferenz: 300 Meter Anstieg, 1850 Meter Abstieg (wenn mit Wengernalpbahn bis Kleine Scheidegg und Sessellift aufs Lauberhorn. Kann bei entspr. Bahnbenutzung weiter verringert werden).
Reine Gehzeit: 5¾ Stunden (bei Bahnbenutzung siehe oben).
Karte: Landeskarte der Schweiz 1:50 000, Interlaken, Blatt 254; Berner Oberland, Zusammensetzung 5004.
Unterkunft: Hotels und Restaurants auf der Kleinen Scheidegg (2061 m/Sommer und Winter), »*Hotel des Alpes*« auf Alpiglen (1616 m/nur Sommer).
Talorte: *Grindelwald*, siehe Tour 9.
Weitere Tourenvorschläge:
○ Kleine Scheidegg – Lauberhorn – Holenstein – Grindelwald Grund (5 Std.).
○ Grindelwald Grund – Alp Boneren – Alpiglen – Kleine Scheidegg (4½ Std.).

Vom Gipfel des Lauberhorns blicken wir über das Lauterbrunnental hinweg auf Lauterbrunner Breithorn, Tschingelhorn, Tschingelgrat, Gspaltenhorn und Blümlisalp.

Linke Seite:
Oben: Auf dem Panoramaweg zwischen Männlichen und Kleiner Scheidegg türmt sich die firngekrönte Gipfelparade des Dreigestirns gewaltig über der Berglandschaft auf. Im Bild: Jungfraumassiv.
Unten: Links die Eiger-Nordwand, rechts das Lauterbrunner Breithorn und das Tschingelhorn, davor die dunklen Felsen des Schwarz Mönchs.

Rechte Seite:
Oben: Eindrucksvoll stehen über dem Tal des Unteren Grindelwaldgletschers Eiger, Mittellegigrat und Hörnli. Vorgelagert Challifirn und Oberes Challiband.
Unten: Bergsteiger beim Rots Gufer gegen Fieschergletscher.

Unter Schreckhorn, Fiescherwand und Eiger

Grindelwald/Grund – Hotel Gletscherschlucht –
Berghaus Marmorbruch – Stieregg – Bänisegg –
Rots Gufer – Grindelwald/Grund

Oberer und Unterer Grindelwaldgletscher zählen neben den großen Gletschern von Chamonix zu den am tiefsten ins Tal hinabreichenden Eisströmen der Alpen.

Staunend steht der Wanderer auf dem Blumenteppich der Alpwiesen von Grindel oberhalb des Hotels Wetterhorn und blickt auf den in seiner Bewegung erstarrten, wild zerrissenen Gletscherstrom zwischen Wetterhorn und Mättenberg, den Oberen Grindelwaldgletscher. Seine Nährzone kann man von diesem Standpunkt aus nicht sehen. Sie liegt weit oben in über 3000 Metern Höhe unter dem Gipfelbogen von Wetterhorn, Bärglistock und Kleinem Schreckhorn. Der Obere Grindelwaldgletscher wächst: von 1967 bis 1975 ist er um 467 Meter ins Tal vorgerückt und in den folgenden Jahren etwa 25 Meter jährlich.

Der Untere Grindelwaldgletscher wird schon im Jahre 1146 in einer Urkunde als Grenzmarke erwähnt. Die Landnahme durch die Gletscher veranlaßte die Bauern Anfang des 17. Jahrhunderts, in ihrer Not den Berner Rat um Nachlaß der Zinsen zu ersuchen, da sie jetzt weniger Land besäßen und sogar Häuser zerstört seien. Die um 1000 n. Chr. bei der Nellenbalm am Unteren Grindelwaldgletscher errichtete Petronellenkapelle soll (nach Rudolf Rubi) das erste Gotteshaus in Grindelwald gewesen sein. Peterenela, eine dem heiligen Petrus zugesprochene Tochter, galt als Schutzheilige der Berge. Die Vermutung liegt nahe, daß die Kapelle durch das Vorrücken des Gletschers zerstört wurde. Ebensogut möglich ist jedoch, daß sie aufgrund eines Ediktes des Rates der Stadt Bern aus dem Jahre 1534, »alle Feldkapellen und unbenutzten Klosterkirchen im bernischen Gebiet abzureißen«, zerstört wurde. Ihre Glocke mit der Inschrift *o sancta Peterenela ora pro nobis* schmolz in der englischen Kapelle beim Brand von Grindelwald Anno 1892.

Um 1800 lag die Zunge des Unteren Grindelwaldgletschers etwa bei Höhe 1000 und griff weit hinein in die grünen Hänge der Grindelwalder mit ihren verstreut liegenden Häusern. Nicht selten kam es vor, daß sie in ihren Gärten eine Eisgrotte bauen konnten. Auch diente ihnen der Gletscher als natürlicher Kühlschrank für ihre Fleischvorräte. Seinen letzten Höchststand hatte er in den Jahren 1855/1865. Seit dem letzten Vorstoß im Jahre 1919 zieht sich der Gletscher ständig weiter zurück (bisher etwa 2000 Meter, er soll

Rots Gufer – eindrucksvoller Schauplatz in hochalpiner Szenerie. Der wild zerklüftete Fieschergletscher fließt zum Unteren Grindelwaldgletscher hinab. Mönch (Firngipfel Bildmitte) und Eiger (rechts) krönen den Anblick.

jedoch wieder im Wachsen sein). Der Untere Grindelwaldgletscher endet weit drinnen in einer Schlucht, durch die das Wasser der Weissen Lütschine herabtost und das der Schwarzen Lütschine zufließt. Nachdem der Gletscher die Schlucht immer mehr freigab, wurde sie nach und nach durch Stege, Planken, Tunnel und Galerien erschlossen, um das wildromantische Naturwunder dem interessierten Besucher zugänglich zu machen. Ein Besuch der Gletscherschlucht ist geologisch äußerst interessant und gibt Einblick in ein Stück Erdgeschichte. An den Felswänden erkennen wir die ausdauernde Erosionsarbeit des Gletschers während Jahrtausenden. Die zurückgebliebenen Schliffe lassen nur ahnen, welch überwältigenden Anblick dieser Gletscher über dem grünen Talkessel von Grindelwald einst bot. Die älteste bisher bekannt gewordene Zeichnung aus dem 16. Jahrhundert gibt dieses kaum vorstellbare Bild sehr plastisch wieder.

Beeindruckend ist der Blick von der Faulhornkette auf die bis zu 1250 Meter hohe und 4 Kilometer lange Fiescherwand über der Schlucht des Unteren Grindelwaldgletschers, jedoch noch gewaltiger zeigt sie sich bei der Wanderung zum Roten Gufer.

Von *Grindelwald/Grund* (943 m) auf der *Erlenpromenade* zum *Hotel Gletscherschlucht* (1014 m/½ Std.). Ein schattiger Waldpfad läßt uns rasch an Höhe gewinnen. Eine Brücke führt über die grandiose Gletscherschlucht, bald darauf sind wir beim *Berghaus Marmorbruch*. In Windungen geht es nun hoch zur *Wysseflue* (1386 m/+1¼ Std.), wo sich der Weg von der Pfingstegg (Bergstation der Seilbahn von Grindelwald/Dorf) mit dem zur Schreckhornhütte (über Rots Gufer) vereint. Bei *Punkt 1468* unter den Felsen von *Hohturnen* legen wir eine Schaurast ein und lassen den Blick talaus gehen. Langsam steigt die Sonne höher. Sie taucht die Alphänge unter dem Faulhorngipfel in eine wärmende Lichtflut bis hinab nach Grindelwald. Der Legende nach sollen die Grindelwalder einst den heiligen Martin gebeten haben, Eiger und Mättenberg auseinanderzudrücken, damit die Sonne auch in den Monaten, da die Tage nur kurz sind, in ihr Tal hinabscheinen möge.

Das Gletschertal weitet sich und läßt erstmals den jetzt schmutzigen und schuttbeladenen Eisstrom in der Tiefe erkennen. Der Blick geht höher hinauf und bleibt hängen an dem blaugrün schimmernden Fieschergletscher. Unmittelbar vor uns im Westen ziehen die Felsen von Hörnli und Mittellegigrat gegen den Eigergipfel empor – später zeigen sich auch Challifirn sowie Oberes und Unteres Challiband – dort fühlen sich nur erfahrene Hochtouristen zu Hause. Umgeben von so imposanter Szenerie gelangen wir zum Restaurant in der *Stieregg* (1650 m/+¾ Std.), leicht erreichbar auch für Senioren sowie Familien mit Kindern und allein schon einen Tagesausflug wert. Nach kurzem Höhenverlust zieht sich ein klettersteigähnlicher Pfad direkt entlang einer steilen Felswand empor zum *Bänisegg*. Bei Punkt 1807 wenden wir uns scharf nach Osten und wandern zwischen mächtigem *Blockwerk* sowie über eine kurze *Eisenleiter* immer tiefer in eine ursprüngliche, einsame Bergwelt hinein. Vorsichtig ist ein reißender Gebirgsbach zu queren. Unter den Felsen des *Rots Gufer* ist der Moment gekommen, wo »norma-

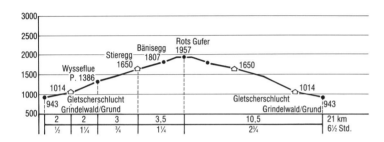

le« Bergwanderer nicht weitergehen sollten (1957 m/+1¼ Std.). Auf einem Plateau am Rande des Steilabbruchs auf das *Untere Eismeer* (»Unders Ischmer«) finden wir einen hochalpinen Schau- und Rastplatz. Zwischen Strahlegghorn und Pfaffenstöckli wälzt sich das *Obere Eismeer* (»Obers Ischmer«) sonnendurchflutet herab. Hier kann man stundenlang staunen und träumen.

Wer über entsprechende Erfahrung verfügt (Klettern, Klettersteige) und gut in der Zeit ist oder Hüttennächtigung einplant, steigt in anregender Kletterei über die mit Leitern, künstlichen Stufen, Eisenstiften und Drahtseilen versehene Felswand des *Rots Gufer* zur *Schreckhornhütte* auf. Zeit: etwa noch zwei Stunden ab hier. Die *Schreckhornhütte* wurde in 2520 Metern Höhe in unbeschreiblich schöner Lage neu gebaut, nachdem eine Lawine die Strahlegghütte (2680 m) 1977 zerstörte, die noch eine Dreiviertelstunde weiter hinauf lag.

Der Weg zur alten Strahlegghütte wurde in Bergsteigerkreisen der längste und anstrengendste hochalpine Hüttenanstieg in den

Berner Alpen genannt, der schon einer echten Bergtour gleichkommt. Die Schreckhornhütte dient vor allem den Gipfelbesteigungen von Schreckhorn, Lauteraarhorn und Finsteraarhorn und liegt am Fuße des Schreckhorns.

Auf dem Rückweg erleben wir das Ausmaß dieser großartigen Berglandschaft noch bewußter als am Morgen, da die Schatten lange überwogen. Jetzt ist alles so licht und klar. Von *Bänisegg* geht es vorsichtig den Felssteig hinab nach *Stieregg*. Prächtig wandert es sich über der Schlucht des *Unteren Grindelwaldgletschers* talwärts. Beglückend sind die Tiefblicke auf Grindelwald. Beim *Berghaus Marmorbruch* sitzen im Gegensatz zum Morgen etliche Spaziergänger auf der Terrasse – kommt man doch leicht von der Pfingstegg-Bergstation herüber und kann dann auf verschiedenen Wegen nach Grindelwald hinabschlendern. Auf schattigem Waldweg steigen wir hinab zum Hotel Gletscherschlucht (1014 m/+2¼ Std.) und besuchen nach einer kleinen Erfrischung, sozusagen als Ausklang der Wanderung, die Gletscherschlucht (ca. 1 Std.). Anschließend kehren wir auf der Erlenpromenade nach Grindelwald/Grund zurück (943 m/+½ Std.).

Touristische Angaben

Unschwierige Wanderung bis Stieregg, dann Bergweg in großartiger Hochgebirgsumrahmung bis Rots Gufer. Weiterweg zur Schreckhornhütte nur für Bergsteiger mit entsprechender Erfahrung (versicherter Klettersteig).
Beste Jahreszeit: Ende Juni bis Oktober.
Höhendifferenz: 1100 Meter Anstieg, 1100 Meter Abstieg (bei Benutzung der Pfingsteggbahn von Grindelwald-Dorf und zurück je 350 Meter weniger Auf- und Abstieg).
Reine Gehzeit: 6½ Stunden (bei Benutzung der Pfingsteggbahn wie oben: 1½ Std. weniger Gehzeit).
Karte: Landeskarte der Schweiz 1:50000, Interlaken, Blatt 254; Berner Oberland, Zusammensetzung 5004.
Einkehrmöglichkeit: Restaurant Gletscherschlucht (1014 m), Restaurant Pfingstegg (1392 m).
Unterkunft: Berghaus Marmorbruch (1120 m), Tel.: 036-531318; Berghotel Stieregg (1650 m), Tel.: 036-531766.
Schreckhornhütte (2520 m/5–6 Std. ab Pfingstegg bzw. Grindelwald), SAC-Sektion Basel. Hüttenwart Mitte Juni bis September. Tel.: 036-551025.
Talort: Grindelwald, siehe Tour 9.
Weitere Tourenvorschläge:
○ Grindelwald–Hotel Wetterhorn–Glecksteinhütte (4¾ Std. hin, 3¼ Std. zurück; ggf. dort nächtigen).
○ Grindelwald/Grund–Pfingstegg–Restaurant Milchbar–Hotel Wetterhorn–Grindelwald (4 Std.).

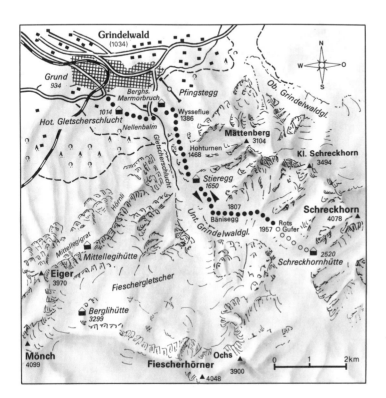

Von Stieregg wandert es sich beschaulich nach Grindelwald talwärts. Darüber die Faulhornkette.

Mönch – viert- höchster Gipfel der Berner Alpen

Tour 12

Grindelwald – Kleine Scheidegg – Station Jungfraujoch – Jungfraufirn – Mönch – Jungfraufirn – Station Jungfraujoch – Grindelwald

Zu den unauslöschlichen Erlebnissen eines Urlaubs im Berner Oberland zählt der Besuch des Jungfraujochs mit dem höchstgelegenen Schienenbahnhof Europas. Zwar ist dieser Ausflug nicht billig, aber bei gutem Wetter äußerst lohnend. Übrigens – bei der Fahrt mit einem der ersten beiden Morgenzüge erhalten Frühaufsteher 25 Prozent Preisnachlaß.

Mit der Wengernalpbahn (WAB/800 mm Spurbreite) geht es von Grindelwald oder Lauterbrunnen zur Kleinen Scheidegg (2061 m), weiter mit der Jungfraubahn (1000 mm Spurbreite) über die Stationen Eigergletscher, Eigerwand und Eismeer zum Jungfraujoch (Station: 3454 m). Bei der Station Eigergletscher wird seit 1914 eine Polarhundezucht betrieben. Dienten die Hunde während des Baues der Jungfraubahn dazu, im Winter die Verbindung zwischen Wengen und Station Eigergletscher aufrechtzuerhalten, sind heute an schönen Sommertagen Schlittenfahrten mit Polarhunden auf dem Jungfraufirn und dem Aletschgletscher eine beliebte Touristenattraktion. Ab Station Eigergletscher durchfährt die Bahn in weit ausholendem Bogen Eiger- und Mönchmassiv (2 Tunnel mit einer Gesamtlänge von 7561 m), bis das Jungfraujoch nach 45 Minuten Fahrzeit erreicht ist.

Vom Felsenbahnhof gelangen wir in die weite, einladende Empfangshalle der im Sommer 1987 fertiggestellten Hotelanlage »Top of Europe« mit der großartigen Aussicht auf den Aletschgletscher und die Jungfrau. Das 1924 auf dem Jungfraujoch errichtete »Berghaus in den Wolken«, ein prächtiger Holzbau und Stolz der Jungfraubahnen, wurde am 21. Oktober 1972, einer stürmischen Nacht, das Opfer eines Großbrandes. 1975 konnte das neue Gletscherrestaurant bezogen werden, das jedoch bei der hohen Besucherzahl auf dem Jungfraujoch nur eine Zwischenlösung darstellte.

Nach einer intensiven Planungsphase begann die Jungfraubahngesellschaft 1983 mit den Baumaßnahmen eines der faszinierendsten Projekte der Gegenwart. Die am 15. April begonnenen Bauarbeiten wurden sowohl im Freien als auch im Stollen durchgeführt. Über dem Bauplatz in hochalpiner Lage mußten zunächst die Felsen gesichert und von lockerem Gestein gesäubert werden. Die

Vom Jungfraujoch erkennen wir im Süden, aus dem Gletscher- und Gipfelmeer herausragend, die Firnpyramide des Aletschhorns.

Mineure öffneten neue Stollen, um das Gestein ins Freie befördern zu können. Die Bahnen transportierten am Tag Gäste, in der Nacht Baumaterial. Viele Besucher bestaunten während der folgenden Jahre den riesigen Baukran, der an Ort und Stelle installiert und fest verankert wurde, denn er mußte Windgeschwindigkeiten bis zu 260 Kilometer je Stunde standhalten. Sogar nach Fertigstellung des Rohbaues (Dezember 1985) ragte der Kran noch aus dem Dach hervor. Die spätere Demontage erfolgte per Helikopter.

Die Rückwand des neuen Berghauses, aus Stahlbeton im Gleitschalverfahren hochgezogen, erforderte den auf der Welt wohl einmaligen Einsatz von Infrarotstrahlern bei diesen Arbeiten. Stürme und Windböen zerfetzten die um die Schalungen angebrachten Schutzbauten mehrmals. Nach starken Schneefällen mußten über dem Bauplatz Lawinen künstlich ausgelöst werden. Schneeverwehungen von 10 Metern und mehr, schlechtes Wetter und arktische Bedingungen (minus 30 Grad waren keine Seltenheit) stellten höchste Anforderungen an die Arbeiter und ließen die Männer nie vergessen, daß nicht die Bauleitung, sondern allein das Wetter auf dem Joch »befiehlt«. Baufirma, Architekten, Ingenieure und Bauarbeiter mußten vier harte Jahre durchstehen.

Doch allen Schwierigkeiten zum Trotz präsentierte sich die außergewöhnliche Hotelanlage »Top of Europe« 1987 pünktlich zum 75jährigen Jubiläum der Jungfraubahnen stolz in der Südflanke des Jungfraujochs. Die offizielle Einweihung fand am 1. August 1987 statt. *(Fortsetzung der Einleitung siehe Tour 13.)*

Der Mönch, Mittelteil des vielgerühmten Dreigestirns über Grindelwald, ist dank der Jungfraubahn und der Mönchsjochhütte der am leichtesten zugängliche und am häufigsten bestiegene Viertausender der Berner Alpen. Als Tagestour aus dem Tal (mit Hilfe der WAB und Jungfraubahn) ist die Gipfelbesteigung nur trainierten und akklimatisierten Bergsteigern zu empfehlen. Schon wegen der Höhenanpassung sollte eine Nächtigung auf der Mönchsjochhütte eingeplant und der Gipfel am folgenden Tag gemacht werden.

Obgleich der Mönch als relativ leichter Viertausender gilt, darf er nicht »auf die leichte Schulter« genommen werden. Fehleinschätzung einer Tour sowie des eigenen Leistungsvermögens haben immer wieder Bergunfälle mit tödlichem Ausgang zur Folge, auch am Mönch.

Der Anstieg über den Ostgrat ist »mäßig schwierig«, setzt Westalpenerfahrung voraus (sonst nur mit Bergführer) und erfordert bei Blankeis die Beherrschung einer soliden Eistechnik.

Von der Station *Jungfraujoch* gelangen wir durch den *Sphinxstollen* auf den Gletscher und queren den sanft geneigten Jungfraufirn in östlicher Richtung unter der mächtigen Südwand des Mönch auf der meistens ausgetretenen Spur gegen das *Obere Mönchsjoch* zu (3629 m/1 Std.). Da große Spalten auftreten, ist korrektes Anseilen empfehlenswert, auch wenn im Sommer ahnungslose Halbschuhtouristen herumlaufen. Seit 1979 steht hier als Bergsteiger-Stützpunkt die *Mönchsjochhütte* (3650 m), Eigentum des Bergführervereins Grindelwald. Bis zum Einstieg bei Punkt 3640 am Fuße des Südnebensporns haben wir es am nächsten Morgen nicht weit.

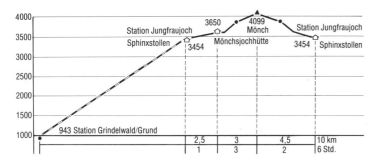

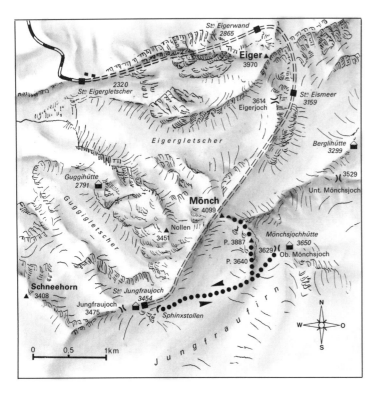

Unsere Gedanken gehen ein paar Jahre zurück. Es war Juli 1978. Die Mönchsjochhütte existierte noch nicht (war im Bau) und auch auf dem Jungfraujoch gab es keine Unterkunft für die Nacht. Trotzdem hatten Hochtouristen die Möglichkeit, bereits in den frühen Morgenstunden auf dem Gipfel der Jungfrau oder des Mönch zu stehen. Das ging so: Nächtigung auf der Kleinen Scheidegg und am folgenden Tag um 3.30 Uhr morgens Fahrt mit dem »Bergsteiger-Frühzug« auf das Jungfraujoch. Durch den Sphinxstollen stapften mit uns noch ein paar Seilschaften in die Finsternis hinaus. Ein eisiger Wind fegte über die Landschaft hinweg. Wir waren zu viert – jeder ging seinen eigenen Gedanken nach. Bis zum Einstieg bei Punkt 3640 brauchten wir etwa 45 Minuten. Eine unglaubliche Spannung lag in dieser knappen Stunde – ein abenteuerlicher Auftakt zu unserem ersten Viertausender...

Heute ist es längst taghell, wenn man bei der Hütte aufbricht. Den Südsporn betreten wir (bei Punkt 3640) von Osten her. In

schöner, mäßig schwieriger Kletterei geht es in kombiniertem Gelände direkt empor zum Punkt 3887. Über einen Firngrat gelangen wir an eine steile, häufig vereiste Eiswand. Hier erweisen sich Pikkel und Steigeisen als unentbehrlich.

Die Eiswand wird am rechten (östlichen) Rand überwunden. Kurz darauf erreichen wir auf dem flachen, stark nach Osten verwächteten Firngrat den Gipfel. Achtung, nie zu nahe an den Wächtensaum gehen – lieber einige Meter tiefer eine neue Spur in der Südflanke anlegen (4099 m/+3 Std.). Die Aussicht vom Gipfel ist überwältigend und übertrifft das »Erlebnis Jungfraujoch« um ein Vielfaches. Alles, was wir bei der Tourenplanung auf der Landkarte betrachtet haben, liegt jetzt wie ein Fächer vor uns ausgebreitet. Gletscher und unzählige Firngipfel unter tiefblauem Himmel...

Bei schönem Wetter werden wir diesen ungeahnten Höhenrausch lange auskosten, es sei denn, der Gipfel muß wegen Platzmangel geräumt werden. Auf der Anstiegsroute kehren wir zum Jungfraujoch zurück (3454 m/+2 Std.).

Touristische Angaben

Ein- bis zweitägige hochalpine Bergtour mit Gletscherüberschreitung und Gipfelbesteigung. Seil, Pickel, Steigeisen. Westalpensowie Gletschererfahrung erforderlich, sonst darf die Tour nur mit Bergführer unternommen werden.
Normalroute mäßig schwierig, kann jedoch bei Vereisung ziemlich schwierig sein. Kombinierte Fels- und Eistour.
Beste Jahreszeit: Juli bis September.
Höhendifferenz: 645 Meter Anstieg, 645 Meter Abstieg (bei Benutzung der Wengernalpbahn zur Kleinen Scheidegg und der Jungfraubahn zum Jungfraujoch).
Reine Gehzeit: 6 Std.
Karte: Landeskarte der Schweiz 1:50000, Jungfrau, Blatt 264; Berner Oberland, Zusammensetzung 5004.
Einkehrmöglichkeit: Hotelanlage »Top of Europe« auf dem Jungfraujoch. Tel.: 036-225252 *(keine Nächtigungsmöglichkeit).*
Unterkunft: *Mönchsjochhütte* (3650 m), Eigentum des Bergführervereins Grindelwald. 125 Plätze. Hüttenwart: April bis Mai und Ende Juni bis Ende September. Tel.: 036-713472.
Talorte: *Grindelwald,* siehe Tour 9. *Lauterbrunnen,* siehe Tour 16.

Oben: Als Belohnung für die Anstrengungen des Aufstieges erwartet den Bergsteiger auf dem Mönch eine unvergleichliche Aussicht auf die Kette der Walliser Alpen im Süden. Prägnant in der Bildmitte Matterhorn und Weißhorn.
Unten: Deutlich hat sich die Aufstiegsspur zum Mönch unter dem Wächtenkamm in den Hang gepreßt – bald ist der Gipfel erreicht.

Seite 68 Der Mönch, Mittelteil des Dreigestirns über Grindelwald, ist der am häufigsten bestiegene Viertausender der Berner Alpen.

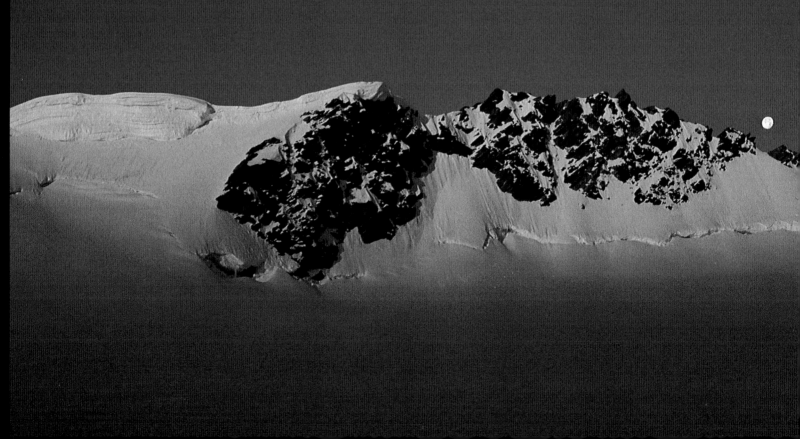

Vom Jungfraujoch ins Lötschental

Tour 13

Grindelwald – Kleine Scheidegg – Jungfraujoch – Konkordiaplatz – Hollandiahütte – Mittaghorn – Lötschenlücke – Lötschental

In der Empfangshalle des neuen Berghauses auf dem Jungfraujoch befinden sich das Informations-Deck mit einem Postbüro, die Cafeteria mit einer Stehbar sowie ein Kiosk. Mit bequemen Lifts oder über breite Treppen geht es zu den Restaurants: »Aletschgletscher« (Self-Service, 200 Plätze), »Jungfrau« (à-la-carte-Restaurant, 120 Plätze) sowie »Eiger« und »Mönch« (zusammen 250 Plätze).

Lohnend ist die Besichtigung des Eispalastes. Ein Rundgang führt uns durch Laubengänge sowie an Säulen, Nischen und Skulpturen aus Eis vorbei. Die Halle ist künstlich beleuchtet. Märchenhaft schimmert das Eis in fantastischen Farben.

Ein weiteres Erlebnis der Fahrt aufs Jungfraujoch sind die Aussichtsterrassen der Sphinx, zu denen man mühelos mit dem Aufzug gelangt. Hier breitet sich eine unbeschreibliche Hochgebirgsszenerie vor uns aus. Am Horizont im Süden ein Meer von Gipfeln – die Walliser Alpen. Zu unseren Füßen Jungfraufirn und Aletschgletscher, mit insgesamt 22 Kilometern Länge längster Eisstrom der Alpen. Ganz nahe ragt im Nordosten der Mönch vor uns auf, im Südwesten das Jungfraumassiv. Vom Sphinxstollen können Touristen auf gesichertem Gletscherweg zu den Polarhunden sowie zum Skizirkus gelangen. Doch dann beginnt die Welt der Bergsteiger, die, ausgerüstet mit Seilzeug, Pickel, Steigeisen und alpiner Erfahrung, ihre Spur ins ewige Eis legen und lockenden Zielen entgegenstreben.

Die Wissenschaft unterhält seit Jahrzehnten auf dem Jungfraujoch eine hochalpine Forschungsstation. Hier arbeiten Wissenschaftler aus aller Welt. Der exponierte Standort bietet für viele Untersuchungen optimale Voraussetzungen. Die Forschungsstation wurde am 4. Juli 1931 ihrer Bestimmung übergeben. Die Arbeiten befassen sich mit der Meteorologie, Glaziologie, Astronomie, Astrophysik, medizinischen Fragen, Erforschung kosmischer Strahlen und der Umweltforschung. Das Observatorium wurde 1936/37 auf dem Sphinxfelsen errichtet und 1950 mit einer astronomischen Kuppel versehen. Die Forschungsstation selbst kann nicht besichtigt werden, jedoch lohnt sich ein Besuch ihrer Ausstellung auf dem Jungfraujoch. Sie ist interessant gestaltet und vermittelt vielseitiges Wissen.

Es gibt verschiedene Möglichkeiten, vom Berner Oberland ins Wallis zu gelangen. Man kann die Fahrt mit dem Auto durchs Simmental und entlang des Genfer Sees ins Rhonetal wählen oder durchs Haslital und über den Grimselpaß ins Goms. Kürzer ist es von Kandersteg durch den Lötschbergtunnel nach Goppenstein im Rhonetal. Ein trittsicherer Bergwanderer wird sich für den Gemmi- oder Rawilpaß entscheiden. Wir schlagen als Krönung etwas ganz Besonderes vor: den Gletscherweg vom Jungfraujoch über Konkordiaplatz und Lötschenlücke ins Lötschental. Westalpenerfahrung und Gletscherkenntnis sind unbedingte Voraussetzung, sonst nur unter kundiger Führung. In jedem größeren Ort, unter anderem in Grindelwald und Lauterbrunnen, werden Hochgebirgstouren und Gletscherwanderungen angeboten.

Wenn im Tal die ersten Schneeglöckchen und Krokusse an die milde Frühlingsluft drängen, packt es den Skihochtourenfreund, das einzigartige Erlebnis der ewigen Gletscherwelt zu genießen. Die lange Skiabfahrt vom Jungfraujoch über die Lötschenlücke mit nur dreistündigem Anstieg und insgesamt 19 Kilometern Abfahrt, eine klassische Skihochtour, läßt das Herz eines Tourenfahrers höher schlagen.

Anfang Juli beginnt dann unsere Zeit – die des Sommerbergsteigers. Die Tour bietet große landschaftliche Reize und viel Abwechslung. Wir fahren mit der ersten Bahn aufs Jungfraujoch (ab Lauterbrunnen ca. 7 Uhr, ab Grindelwald kurz vor 7.30 Uhr, Ankunft auf dem Jungfraujoch um 9 Uhr). Noch schöner ist es, oben zu nächtigen (z. B. auf der Mönchsjochhütte) und mit dem ersten Tageslicht aufzubrechen. Gerade die Morgenstunden sind besonders beglückend und der überfrorene Firn trägt am besten. Leider bietet die am 1. 8. 87 eingeweihte Hotelanlage auf dem Jungfraujoch keine Unterkunft für die Nacht.

Durch den *Sphinxstollen* gelangen wir auf den oberen Teil des *Jungfraufirns*, den wir in südöstlicher Richtung gegen den Südwestfuß des Trugberges absteigen. Mächtig türmen sich die Seraks des Ewigschneefeldes auf. Nahe des Grünegg-Westfußes weichen wir den Sümpfen des Konkordiaplatzes aus und sind nach Queren des untersten *Grüneggfirns* bei den Hüttenfelsen der *Konkordiahütten* (ca. Punkt 2750/2¼ Std.; eventuell Besuch der Hütten über Treppenanlage). Je nach Verhältnissen sind die *Gletschersümpfe* nördlich (von Grünegg nach Punkt 2756) oder südlich (von den Hüttenfelsen gegen den Nordfuß des Vierten Dreiecks, Gratausläufer des Dreieckhorns) zu umgehen. 500 Höhenmeter Anstieg auf dem *Großen Aletschfirn* zur *Hollandiahütte* liegen vor uns (3238 m/+2¾ Std.). Unmittelbar gegenüber ragt das *Aletschhorn* (4195 m), eine Festung aus Fels und Eis, aus drei mächtigen Eisströmen, die nach ihm benannt sind, empor: Aletschfirn, Mittelaletschgletscher und Oberaletschgletscher. Die Normalroute führt

---

Seite 69 Oben: Abendstimmung liegt über der Lötschenlücke. Wolken hüllen die Gipfel der Bietschhorngruppe ein.
Unten: Wir nutzen das letzte Mondlicht für den Aufstieg über den Ebnefluhfirn und erleben den Augenblick, da die Sonne im Osten über die Grünhornlücke steigt und den Anengrat vergoldet.

Der Große Aletschgletscher, im Bild überragt von Fiescher Gabelhorn, Schönbühlhorn und Wannenhorn, erreicht vom Jungfraujoch bis zur Mündung in die Massa eine Länge von etwa 21 Kilometern.

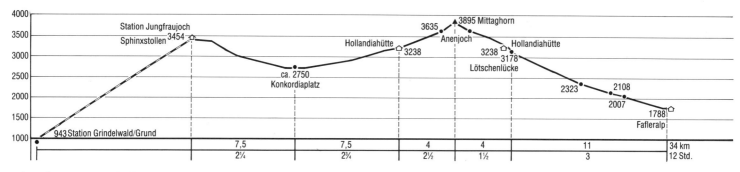

```
4000
3500  Station Jungfraujoch                              3635    3895 Mittaghorn
      Sphinxstollen   3454                                   Anenjoch
3000                                    Hollandiahütte              Hollandiahütte
                                               3238         3238
2500                     ca. 2750                            3178
                        Konkordiaplatz                    Lötschenlücke
2000                                                                  2323    2108
                                                                         2007
1500                                                                            1788
      943 Station Grindelwald/Grund                                            Fafleralp
1000
            |        7,5        |        7,5        |     4     |     4     |        11        | 34 km
            |        2¼         |        2¾         |    2½    |    1½    |        3         | 12 Std.
```

über die 700 Meter hohe und 45 Grad steile Haslerrippe. Sie erfordert bei besten Verhältnissen allein im Anstieg 7 Stunden.

Am nächsten Morgen ziehen wir unsere Spur über den *Ebneflufirn*. Das Mittaghorn steht auf dem Tourenplan. Die Sonne steigt gerade über die *Grünhornlücke* und taucht den Anengrat in ein goldenes Gewand, während wir über einen steilen Hang zum *Anenjoch* emporsteigen. Ein schöner, zum Teil schmaler *Firngrat* leitet uns auf den 3895 Meter hohen *Gipfel* (+2½ Std.). Wie die Ebnefluh und das Gletscherhorn zählt das Mittaghorn zur Ebnefluhgruppe, die mit der Jungfraugruppe das Kern- und Glanzstück der Berner Alpen bildet. Obgleich unser erwählter Gipfel kein Viertausender ist, lohnt die Mühe des Anstieges. Der Blick geht hinweg über grüne Täler und ein Meer von Gipfeln – das Auge bleibt hängen an den Walliser Alpen sowie am Montblancmassiv im Südwesten.

Wir kehren auf der gleichen Route zur *Hütte* zurück (3238 m/+1½ Std.) und überschreiten kurz darauf die wenig schwierige *Löt-*

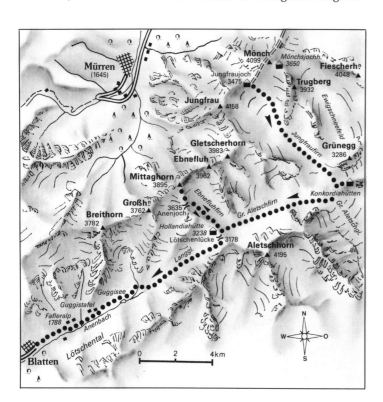

schenlücke (3178 m/Vorsicht Spalten!). Über die Mitte des *Langgletschers* wandern wir abwärts bis Punkt 2323, wo die *Moräne* betreten wird. In südwestlicher Richtung teils weglos zum *Anenbach* (Punkt 2108), dann vorbei am kleinen Guggisee nach *Guggistafel* und schließlich zur *Fafleralp* (1788 m/+3 Std.). Im Sommer besteht ab Fafleralp Busverkehr talaus oder nochmals 1 Stunde zu Fuß bis *Blatten*. Weitere Informationen über das Lötschental siehe »Die schönsten Höhenwege im Wallis« (Tour 26) sowie »Die schönsten Höhenwege der Westalpen« (Seite 65).

Touristische Angaben

Zwei- bis dreitägige hochalpine Bergtour mit langer Gletscherüberschreitung sowie Gipfelbesteigung. Westalpen- und Gletschererfahrung erforderlich, sonst nur mit Bergführer. Normalroute auf Gipfel wenig schwierig, bei Vereisung oder Verwächtung des Gipfelgrates mäßig schwierig. Seil, Pickel, Steigeisen.

Beste Jahreszeit: Juli bis September.
Höhendifferenz: 1150 Meter Anstieg, 2800 Meter Abstieg.
Reine Gehzeit: 12 Stunden.
Karte: Landeskarte der Schweiz 1:50000, Jungfrau, Blatt 264; Berner Oberland, Zusammensetzung 5004.
Einkehrmöglichkeit: »*Top of Europe*« auf dem Jungfraujoch, siehe Tour 12.
Unterkunft: *Mönchsjochhütte*, siehe Tour 12. *Konkordia-Hütten* (2850 m), SAC-Sektion Grindelwald. Obere Hütte (80 Plätze) von Ende März bis September sowie nach Vereinbarung bewartet; Halbpension möglich. Bei Abwesenheit des Hüttenwartes nur die untere Hütte geöffnet (ca. 30 Plätze). Tel.: 036-551394.
Hollandiahütte (3238 m), Sektion Bern (106 Plätze). Hüttenwart: April und Mai (incl. Ostern und Pfingsten) sowie Juli und August. Tel.: 028-491135.
Talorte: *Grindelwald*, siehe Tour 9; *Lauterbrunnen*, siehe Tour 16. Ferner im Lötschental die Orte *Ferden, Kippel, Wiler, Ried* und *Blatten*. Hotels, Gasthöfe, Chalets. Postbusverbindung ins Rhonetal. Verkehrsbüro Lötschental: CH-3903 Wiler; Tel.: 028-491388.

In arktischer Landschaft geht es unter Mönch und Trugberg auf dem Jungfraufirn zum Konkordiaplatz, dem Sammelbecken mächtiger Gletscherströme.

Auf hoher Route von der Rhone zur Grimsel

Fiesch – Märjelensee – Aletschgletscher –
Konkordiahütten – Grünhornlücke – Finsteraarhorn-
hütte – Hugisattel – Finsteraarhorn – Gemslücke –
Oberaarjoch – Grimselpaß

Das Finsteraarhorn ist nicht nur einer der schönsten, sondern mit 4273 Metern zugleich der höchste Gipfel der Berner Alpen. Eine Besteigung dieses in Form und Gestalt majestätischen Berges darf zu den großartigsten Bergfahrten gezählt werden, die eine weitere Steigerung findet, wenn wir die Gipfeltour in eine mehrtägige Gletscherüberschreitung mit einbeziehen. Machen Sie es wie wir und lassen sich »auf hochalpiner Route von der Rhone zur Grimsel« von der Faszination dieser einmaligen Landschaft gefangennehmen…

Von Fiesch fahren wir mit der *Eggishorn-Luftseilbahn* bis zur Mittelstation *Kühbodenstafel* (2221 m) und wandern auf gut markiertem Weg um den *Tälligrat* herum zum *Märjelensee*. Nach kurzem Abstieg über blanke Felsplatten (z.T. gesichert) geht es zur *Seitenmoräne* des *Großen Aletschgletschers* empor. Dann liegt er vor uns, der längste Eisstrom der Alpen – fast 2 Kilometer breit und vom Konkordiaplatz bis zum Abfluß in die Massa 14 Kilometer lang. Die Anstiegsroute verläuft in Nordrichtung nahe der Mittelmoräne, später nahe der östlichen Seitenmoräne. Je mehr wir uns dem Konkordiaplatz nähern, desto zerschrundener wird der Gletscher. Die Hüttenfelsen ersteigen wir von Westen her über eine *Eisentreppenanlage*. Die *Konkordiahütten* (2850 m/5 Std.) stehen auf einem kleinen Plateau am Fuße der Westflanke des *Faulberges* (ca. 100 m über dem Konkordiaplatz) und bieten eine grandiose Aussicht. Als wir die Tour wieder einmal machten, überraschte uns hier ein Wettersturz. In der Nacht stürmte es zum Fürchten. Der Sturm zerrte am Haus, daß es knarrte und ächzte. Fensterläden schlugen an die Hauswand. Ein trostloser Morgen folgte dieser Nacht. Wir konnten nichts unternehmen und mußten auf der Hütte ausharren. Am Abend fegten noch immer orkanartige Böen die Nebelfetzen um die Hütte. Um Mitternacht war es dann ganz plötzlich still und friedlich – auf der Hütte und über Berg und Tal…

Um 4 Uhr in der Frühe wölbte sich ein sternenklarer Himmel über die noch schlafende Landschaft, als seien die letzten 24 Stunden nur ein Alptraum gewesen. Nach Katzenwäsche und Frühstück standen wir bald wieder am Fuße der Hüttenfelsen. Wir zogen unsere Spur über den Grüneggfirn…

Seilschaft im Aufstieg zum Finsteraarhorn – nur noch wenige Meter, dann ist der Hugisattel (4094 m) erreicht.

Auf der *Grünhornlücke*, dem weiten Paß zwischen Grünhörnli und Weißnollen (3286 m/+2 Std.), tun sich völlig neue Eindrücke auf. Dimensionen und Größenverhältnisse haben sich unerwartet verändert. Herrlich ist der Blick nach Westen auf Aletschhorn, Lötschenlücke und die Firngipfel bis hin zu Jungfrau und Mönch – nach Osten gleitet das Auge über den gewaltigen Fieschergletscher hinweg und bleibt hängen an den im Gegenlicht stehenden Gipfeln von Finsteraar-Rothorn, Oberaar-Rothorn und Galmihörnern. Doch am faszinierendsten ist der Anblick des Finsteraarhorns unter stahlblauem Himmel. Seine dunklen Flanken stehen in auffallendem Kontrast zu den umliegenden Firnkuppen.

Wer Lust hat, kann jetzt noch den *Weißnollen* »mitnehmen«. Von der *Grünhornlücke* geht es unschwierig über Schutt, Fels und Firn auf den *Gipfel* (3594 m/+1 Std.). Der Abstieg zu den Finsteraarhornhütten erfolgt über die vergletscherte *Ostflanke* (einige Spalten), südlich an Punkt 3291 vorbei, den Fieschergletscher in nördlicher Richtung queren und schließlich etwa 50 Höhenmeter einen Firn- und Geröllhang am *Südsüdwestfuß* des *Finsteraarhorns* zum Hüttenkomplex wieder ansteigen (3048 m/+1½ Std.). Unbeschreiblich schön ist die Lage dieser SAC-Hütte in hochalpiner Umrahmung. Entsprechend groß ist die Versuchung, sich nur noch dem »dolce far niente« hinzugeben und die Rückkehr der Gipfelaspiranten zu verfolgen. Und während die Sonne wie ein Feuerball im Westen hinter den Felsen versinkt, denken wir nur noch an die bevorstehende Tour…

Um 4.30 Uhr brechen wir am nächsten Morgen auf. Es ist noch dunkel. Vor uns zwei Seilschaften. Zwischen den Felsen tanzt das Licht ihrer Stirnlampen. Von der Hütte führen Wegspuren über einen Schuttrücken in den Sattel nördlich von Punkt 3231. Jetzt wird angeseilt. Steil geht es auf dem Gletscher zum Südwestgrat, auf diesem meist über Schutt zum »Frühstücksplatz« (Punkt 3616). Anschließend horizontale Querung nach Norden auf den Gletscher, der vom Hugisattel herabzieht – auf diesem bis in den Sattel ansteigen (4094 m/+3 Std.). Das folgende steile, häufig vereiste Firnfeld erfordert sicheren Umgang mit Pickel und Steigeisen. Dann betreten wir den in südöstlicher Richtung verlaufenden oberen Teil des Nordwestgrates, dessen Gneisfelsen bei guten Verhältnissen in mäßig schwieriger Kletterei zu ersteigen sind. Zwar stellt der Anstieg technisch keine Probleme dar, erfordert jedoch gute Kondition und bei Vereisung absolute Sicherheit beim Gehen mit Eisen in Firn und Fels. Der »Gang auf der Himmelsleiter« vom Hugisattel zum Gipfel ist außergewöhnlich. Fortwährend vermittelt er prächtige Tiefblicke und ungeahnte Aussichten in weite Fernen. Den höchsten Punkt des *Finsteraarhorns* betreten wir dankbar und still (4273 m/+1½ Std.). Auf der Anstiegsroute kehren wir zur Hütte zurück (3048 m/+2¾ Std.).

Der letzte Tourentag wartete bei uns nochmals mit einer Überraschung auf: seit den frühen Morgenstunden fielen große, duftig weiße Schneeflocken vom Himmel herab. Sie tanzten verspielt im Winde, damit ihr kurzes Leben nicht gar so eintönig verrinnt. Dann deckten sie alles liebevoll zu – auch die dicken Wollsocken,

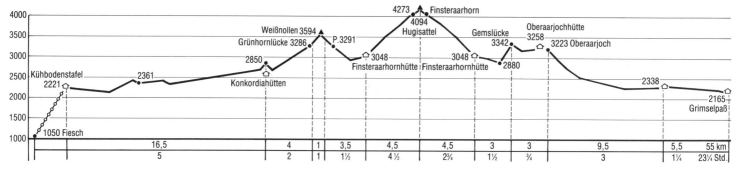

die am Abend draußen liegenblieben. Lüften sollten sie. Um 9 Uhr ist der Zauber vorbei, es wird zunehmend heller und der Hüttenwirt sagt, wir könnten aufbrechen, eventuell mit Zwischenstation auf der Oberaarjochhütte. Entlang des *Nordostufers* vom *Fieschergletscher* geht es abwärts bis in die Nähe von *Punkt 2880*. Nun über Geröll und mäßig geneigte Schuttbänder an den Fuß des steilen, etwa 150 Meter hohen *Couloirs*, das je nach Verhältnissen direkt im Firn oder südlich über das Schuttgrätchen (brüchig, Pfadspuren) erstiegen wird (3342 m/+1½ Std.). Über den im oberen Teil spaltenreichen *Studerfirn* erreichen wir bald das *Oberaarjoch* (3223 m/+¾ Std.). Etwas höher thront die *Oberaarjochhütte* eng an die Felsen gelehnt am unteren Ende des *Oberaarhorns*. Das Wetter hat sich stabilisiert, so daß wir unseren Abstieg über den *Oberaargletscher* fortsetzen können. Sieben Kilometer lang ist der Gletscherhatscher bis zum *Oberaarsee*. Eine eigenartige, fast melancholische Stimmung liegt über der Landschaft. Wir folgen dem Norufer des Oberaarsees. Es tut gut, wieder festen Boden unter den Füßen zu haben, grüne Hänge und Blumen zu sehen. Vom Staudamm am Ostende des Sees (2338 m/+3 Std.) gehen wir auf der asphaltierten Werkstraße bis zum *Grimselpaß* (2165 m/+1¼ Std.). Wetter, Schnee und Anstrengungen sind schnell vergessen. Was bleibt, ist die Erinnerung an erlebnisreiche Gipfel- und Bergtage – zum Schluß in der großen Stille über Studerfirn und Oberaargletscher...

Touristische Angaben

Viertägige hochalpine Bergtour mit langer Gletscherüberschreitung sowie anspruchsvoller Gipfelbesteigung. Westalpen- und Gletschererfahrung erforderlich, sonst nur mit Bergführer. Normalroute auf das Finsteraarhorn bis in den Hugisattel wenig schwierig, auf dem Nordwestgrat einige mäßig schwierige Kletterstellen, die jedoch bei Vereisung sofort ziemlich schwierig werden (sehr glatter Gneis). Seil, Pickel, Steigeisen.

Vom Grimselpaß je nach Ausgangspunkt Rückkehr mit dem Bus ins Haslital und weiter über Interlaken nach Grindelwald oder durchs Goms nach Fiesch im Wallis (Bus und Bahn).

Beste Jahreszeit: Juli bis September.

Höhendifferenz: bei Seilbahnbenutzung bis Kühbodenstafel 3250 Meter Anstieg, 3250 Meter Abstieg.

Reine Gehzeit: 23 Stunden.

Karte: Landeskarte der Schweiz 1:50 000, Jungfrau, Blatt 264; Berner Oberland, Zusammensetzung 5004.

Unterkunft: *Konkordiahütten*, siehe Tour 13. *Finsteraarhornhütte* (3048 m), SAC-Sektion Oberhasli. 115 Plätze. Hüttenwart von April bis Mitte September. Tel.: 036-55 29 55.

Talorte: *Grindelwald*, siehe Tour 9 (falls Ausgangspunkt im Berner Oberland und Abstieg über den Jungfraufirn zum Konkordiaplatz wie Tour 13). *Fiesch* (1050 m; falls Ausgangspunkt im Wallis). Station der Furka-Oberalpbahn. Hotels, Gasthäuser, Pensionen. Bergsteigerschule. Talstation der Eggishorn-Seilbahn. Verkehrsbüro: CH-3984 Fiesch; Tel.: 028-71 14 66.

Wie ein Koloß aus Fels und Eis wirkt das Finsteraarhorn von der Grünhornlücke (Übergang von den Konkordiahütten zur Finsteraarhornhütte). Die Normalroute führt vom Hugisattel (links) über den Nordwestgrat auf den Gipfel.

Tanzbödeli – Obersteinberg – Oberhornsee

Stechelberg – Gimmelwald – Busenalp – Tanzbödeli –
Obersteinberg – Oberhornsee – Untersteinberg –
Scheuerboden – Trachsellauenen – Stechelberg

Die Gletscher formten das Lauterbrunnental zu einem U-förmigen Trogtal. Seiner Bäche und Wasserfälle wegen wird es das »Tal der tosenden Wasser« genannt. Sie bilden zusammen die Weiße Lütschine, daher auch »Tal der Weißen Lütschine«. Buchenbächli und Türlibach, Fluhbächli und Schmadribach, Tanzhubelbächli und Rybibach ... am liebsten würde ich alle 72 bei ihrem Namen nennen und ihre Geschichte erzählen, denn jedes Gebirgswasser hat seine eigene Geschichte. Der imposanteste unter ihnen ist der Trümmelbachfall (siehe Tour 16), der berühmteste mit der schönsten Kulisse der Staubbachfall. Er stürzt kurz hinter Lauterbrunnen über eine 288 Meter hohe Felswand herab. Milliarden von Wassertropfen weben stiebende Schleier, die im Licht wie Geschmeide funkeln. Ein unendlich wallendes Netz ... die Erde nimmt das Wasser auf und leitet es weiter. Der Staubbachfall fesselte zu allen Zeiten Maler und Dichter gleichermaßen, so auch Johann Wolfgang von Goethe. Auf seiner zweiten Schweizer Reise im Jahre 1779 besuchte Goethe das Lauterbrunnental. Der Staubbachfall inspirierte ihn zu dem bekannten Gedicht »Gesang der Geister über den Wassern«.

Die Spitzenklöppelei ist als Kleingewerbe im Lauterbrunnental schon vor 1700 nachgewiesen. Um 1900 ging das Klöppeln durch die Konkurrenz der Maschinenspitzen stark zurück; 1912 gab es nur noch 20 Klöpplerinnen im Tal. Durch Pfarrer P. G. Trechsel, der Klöppelkurse organisierte, erfuhr diese typische Lauterbrunner Heimarbeit noch einmal eine Neubelebung. Außerdem gaben Bund und Kanton finanzielle Hilfe. So zählte man 1914 bereits wieder 200 Arbeitende, 1917 sogar 450 (in 650 Familien des Tales). Das war der absolute Höhepunkt. Besonders kunstvoll zeigt sich die

Seite 78   Das Jungfraumassiv spiegelt sich im leicht gekräuselten Wasser des Oberhornsees, einem Kleinod im wilden Felskessel des hintersten Lauterbrunnentales.

Seite 79   Vor der letzten Steilstufe zum Oberhornsee gegen Breithorngletscher, Tschingelhorn und Lauterbrunner Wetterhorn.

Der Staubbachfall hinter der Kirche von Lauterbrunnen inspirierte Goethe zu dem bekannten Gedicht »Gesang der Geister über den Wassern«.

Spitze in den alten Trachtenhauben der Bäuerinnen. Die Hauben für die Sonntagstracht waren aus schwarzem Roßhaar oder schwarzer Seide gearbeitet, die Werktagshaube aus Baumwolle. Heute arbeiten im Lauterbrunnental etwa 80 Klöpplerinnen im Nebenerwerb, unter anderem für das Heimatwerk in Interlaken. Einige Frauen des Tales treffen sich regelmäßig in der »Luterbrunner Handwärchstuba« zum Klöppeln. Hier geben sie ihre Kenntnisse an die jüngere Generation weiter und sorgen so dafür, daß dieses schöne alte Kunsthandwerk nicht verloren geht.

Mit der folgenden Wanderung haben wir uns etwas ganz Besonderes ausgesucht. Wem die Tour zu lang erscheint, kann sie in zwei Etappen durchführen, entweder jeweils als Tageswanderung mit Rückkehr nach Stechelberg (ohne den Übergang Tanzbödeli–Obersteinberg) oder als Zweitagestour mit Nächtigung im Hotel Obersteinberg.

Durch die *Schilthornbahn* hat *Gimmelwald* (1393 m), in alten Chroniken als Walsersiedlung erwähnt, Anschluß ans Tal und den Kurort Mürren erhalten. Die Fahrt mit der Gondel dauert ab *Stechelberg* nur wenige Minuten. Nach einem Rundgang durch das hübsch gelegene Dörfchen mit seinen dunklen Holzhäusern geht es in westlicher Richtung hinab ins *Sefinental*, wenige Meter talaus Richtung *Stechelberg* und bei *Punkt 1253* über die *Sefinen Lütschine* (Brücke) zum orografisch rechten Talhang. Ein schöner Bergpfad windet sich nun in etlichen Kehren zu einer Felsbarriere empor. Vom Wegweiser »*Untere Busenalp*« (1780 m/1½ Std.) erfordert ein Abstecher zur *Busenalphütte* (bewirtschaftet) hin und zurück 30 Minuten. Über sanft geneigtes Alpgelände steigen wir weiter bergan, den Blick auf Tanzbödeli und Spitzhorn gerichtet. Über dem hintersten Sefinental zeigen sich Tschingelgrat und Gspaltenhorn, von der Sonne angestrahlt, während der Talgrund noch in tiefem Schatten liegt. Bei *Punkt 1940* (+½ Std.) erreichen wir den *Busengrat*. Ein kurzer, steiler Anstieg nach Nordwesten um eine Rippe herum bringt uns auf die Terrasse des *Tanzbödelis* (2133 m/+½ Std.). Gefragt hatten wir im Tal, was es mit diesem geheimnisvollen Namen auf sich hätte. »... nichts weiter – es ist nur ein schöner Boden zum Schauen.« Und weiß Gott, das ist er. Wir kehren zum Abzweig bei Punkt 1940 zurück und bewundern rechts und links des Weges die wunderschönen großen, blau-violetten Blüten der Alpenakelei. Das anschließende Wegstück entlang einer steilen Gras- und Schutthalde unter Spitzhorn und Ellstab ist großartig und führt in leichtem Abstieg zum *Hotel Obersteinberg*, einzigartig im wildromantischen Kessel des hintersten *Lauterbrunnentales* gelegen (1774 m/+¾ Std.). Sehr lohnend und nur 2½ Stunden lang ist der Aufstieg von *Stechelberg* über *Ammerten* und *Hotel Tschingelhorn* oder über *Scheuerboden* nach *Obersteinberg* (bzw. 1½ Std. im Abstieg).

Die Fortsetzung des Weges zeigt den gewaltigen Anblick von Tschingelhorn und Lauterbrunner Wetterhorn mit dem vorgelagerten Breithorngletscher. Ein Holzsteg führt über die wild schäumende Weiße Lütschine, gerade dort, wo sie in eine tiefe Schlucht hinabstürzt. Der Bergpfad zieht durch eine unvergleichliche Trüm-

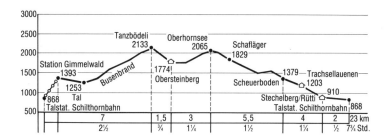

merlandschaft. Glattgeschliffene Granitbuckel wechseln mit Moränenzügen und lassen ahnen, welche Ausdehnung die Gletscher einst hatten. Noch ein letzter Steilaufschwung zwischen Felsbändern. Hier fristen einzelne Latschen ihr karges, anspruchsloses Dasein. Unvermittelt liegt der idyllische *Oberhornsee* vor uns (2065 m/+1¼ Std.). Die firngekrönten Gipfel von Jungfrau, Ebnefluh, Großhorn und Breithorn spiegeln sich im ruhigen, klaren Wasser. Vereinzelt kommt ein Wanderer vorüber – »Grüezi mitenand« –, dann sind wir wieder allein.

Jede Rast geht einmal zu Ende. Bis *Schafläger* (P. 1829) wandern wir auf dem gleichen Weg zurück. Kurz vor der Brücke über die Lütschine zweigt rechts ein Steiglein ab nach *Tal* (1532 m) ins Naturschutzgebiet des *Untersteinbergs* und weiter vorbei am Schmadribachfall zu den Hütten von *Scheuerboden* (1379 m/+1½ Std.). An dunkler Holzwand finden wir die Jahreszahl 1805 sowie naive Malerei mit Motiven aus Jagd und bäuerlichem Leben. Eine Holzstiege führt ins Obergeschoß des Hauses.

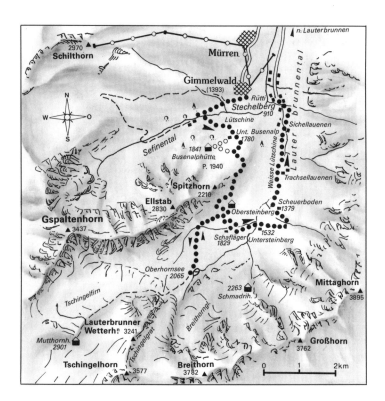

Der Bergpfad senkt sich erneut eine Talstufe hinab. Noch vor einem halben Jahrhundert wurde das Vieh erst im Dezember auf diesem steilen Weg ins Tal gebracht. Vorher mußten etliche Männer den gesamten Weg freischaufeln. Kurz vor *Trachsellauenen* steigt links der Weg zur *Alpterrasse von Ammerten* aufwärts. Dort stand früher ein ganzjährig bewohntes, von ausgewanderten Lötschentalern gegründetes Dorf. Sie sollen über die Wetterlücke ins Lauterbrunnental gelangt sein. Im 17. bis 19. Jahrhundert war das Alpdörfchen *Trachsellauenen* Mittelpunkt des Bergbaus. Die Hauptabbaustellen lagen südlich der Zunge des Rottalgletschers und beidseits von Trachsellauenen. Im Tagbau und im Stollenbau wurden Eisen und Blei gewonnen. Hochöfen standen in der »Schmelzi« bei Zweilütschinen sowie hinter Trachsellauenen. Bezeichnend waren die Namen der Abbaureviere: »Gnadensonne«, »Gute Hoffnung«, »Beschertes Glück«, »Segenszuwachs«.

Fast eben verläuft der bequeme Weiterweg über *Sichellauenen* nach *Stechelberg Rütti* (910 m/+1¼ Std.). Falls nicht gerade ein Bus bereitsteht, gehen wir das letzte Stück bis zum *Parkplatz* bei der *Schilthornbahn* auf der orografisch linken Seite der Lütschine zu Fuß (868 m/+½ Std.).

Touristische Angaben

Großartige Hochgebirgswanderung im hintersten Lauterbrunnental.

Beste Jahreszeit: Mitte Juli bis Ende September.
Höhendifferenz: bei Seilbahnbenutzung von Stechelberg bis Gimmelwald 1200 Meter Anstieg, 1700 Meter Abstieg.
Reine Gehzeit: bei Seilbahnbenutzung (siehe vor) 7¾ Stunden.
Karte: Landeskarte der Schweiz 1:50 000, Jungfrau, Blatt 254; Berner Oberland, Zusammensetzung 5004.
Unterkunft: *Mürren* (1645 m), autofreier Sommer- und Winterkurort auf windgeschützter Sonnenterrasse hoch über dem Lauterbrunnental; Station der Schilthornbahn ab Stechelberg und der Grütschalpbahn ab Lauterbrunnen. Hotels, Pensionen, Touristenlager. Verkehrsverein: CH-3825 Mürren, Tel.: 036-551616.
Gimmelwald (1393 m), prächtig gelegenes Bergdorf über dem hinteren Lauterbrunnental; autofrei; Station der Schilthornbahn ab Stechelberg. Pensionen, Ferienwohnungen, Jugendherberge. Verkehrsverein: CH-3826 Gimmelwald, Tel.: 036-552455.
Hotel Obersteinberg (1774 m), *Hotel Tschingelhorn* (1685 m), *Restaurant Trachsellauenen* (1203 m). *Hotel Stechelberg* und *Naturfreundehaus Alpenhof*, Stechelberg-Rütti (910 m).
Talorte: *Stechelberg* und *Lauterbrunnen,* siehe Tour 16.
Weitere Tourenvorschläge:
o Mürren–Sefinenfurke–Griesalp (7 Std.).
o Mürren–Gimmelwald–Kilchbalm und zurück (5 Std.).

Vom Tanzbödeli, einer aussichtsreichen Terrasse unter den Felsen des Spitzhorns, blicken wir hinüber zum Lauterbrunner Breithorn.

Trümmeltal – Brechalp – Biglenalp

Hotel Trümmelbach – Schwandwald – Brechalp – Staldenfluh – Alp Mettla – Alp Biglen – Wengernalp – Wengen – Lauterbrunnen

Der Mürrenbach bei Stechelberg (gegenüber Schilthornbahn) bildet mit 600 Metern Fallhöhe den größten Wasserfall der Schweiz. In fünf Stufen stürzen die Wassermassen über die steile Mürrenwand in den Taltrog bei Stechelberg. Am eindrucksvollsten ist der Anblick zur Zeit der Schneeschmelze und nach Gewittern.

Nur vier Kilometer von Lauterbrunnen entfernt taleinwärts finden wir die Trümmelbachfälle. Es sind die einzigen im Berginnern durch Tunnel, Galerien und Brücken zugänglich gemachten Gletscherwasserfälle der Welt. Den Besuch dieses gigantischen Naturschauspiels sollte sich niemand entgehen lassen. Scheinwerfer und Flutlichtanlagen strahlen die tosenden Wassermassen an und lassen die geballte Kraft des nassen Elementes erkennen. Der Trümmelbach entwässert allein die riesigen Gletscherwände von Eiger, Mönch und Jungfrau. 20000 Liter Wasser pro Sekunde stürzen im Berginnern von Stufe zu Stufe in die Tiefe. Zur Zeit der Schneeschmelze können es bis zu 26000 Liter sein. Durch die Kraft des Wassers werden jährlich bis zu 20000 Tonnen Geschiebe aus dem Einzugsbereich der Gletscher (24 Quadratkilometer) transportiert. Die unvorstellbare Erosionskraft des Wassers schliff riesige Kessel, Tunnel und Schluchten in die Felsen. Die Trümmelbachfälle sind im Winter bis etwa Ostern geschlossen, da sie wie der Staubbachfall und die übrigen Fälle gefroren sind. Mit ihren großen Eiszapfen bieten die Wasserfälle im Winter einen ganz besonders reizvollen Anblick.

Wenige Minuten vom *Hotel Trümmelbach* talein zweigt links von der Talstraße ein Weg ab mit dem unscheinbaren Hinweis »Brech«. Er führt über ein Bauerngehöft und steigt anschließend den *Hangfuß des Schwarz Mönch* bergan – erst über Stufen an steiler Felswand entlang (Drahtseil), dann in etlichen Kehren durch den *Schwandwald* weiter. Etwa bei *Punkt 1115* senkt sich der Steig zur *Schlucht des Trümmelbaches* hinab. Eine Brücke leitet hinüber. Schnell gewinnen wir auf der anderen Seite an Höhe. Fast eben zieht sich der Weg tiefer ins Trümmeltal. Zersplitterte Baumstümpfe erinnern an den hier einst stattlichen Wald. Der Föhnsturm im November 1962 vernichtete ihn. Bei der *Unteren Brechalp* hallt das Läuten der Kuhglocken durch die Stille. Ein paar neugierige Ziegen laufen hinter uns her. Wenig hangaufwärts liegt die *Obere Brechalp* (ca. 1450 m/

2 Std.). Drei Laubbäume gruppieren sich um das Anwesen hoch über dem Lauterbrunnental. Eindrucksvoll ist der Blick nach Südwesten auf Tschingelhorn und Lauterbrunner Wetterhorn – vorgelagert Ellstab, Ellstabhorn, Tschingelgrat, Gspaltenhorn und Büttlassen. Auf grüner Terrasse die Orte Gimmelwald und Mürren. Die Sennerin reicht uns einen Becher kühler Milch. Der Senn befaßt sich in der Hütte mit der Käseherstellung. Bei einer Temperatur von 40 Grad rührt er die Milch in einem riesigen Kupferkessel, zwei Stunden lang. Er sagt, das sei gerade die richtige Beschäftigung für einen faulen Menschen, denn »ein guter Melker und ein fauler Käser sind nicht zu bezahlen«. Einige hundert Kühe und Rinder verbringen den Sommer auf den Alpen rund um das Tal. Auf jeder Alpe wird eine eigene Käsesorte produziert. Sowohl die Art der Herstellung als auch die verschiedenen Kräuter der Alpen bestimmen das Aroma des Käses, der im Speicher bis zum Ende der Alpzeit gelagert und gepflegt wird.

Vom *Oberen Brech* führt ein fast verfallener und an einigen Stellen heikler Steig nach Osten ins Talinnere zur *Biglenalp*. Auf dieses kleine Abenteuer sollte sich jedoch nur einlassen, wer wegloses Gehen gewohnt ist und es bevorzugt. Wir dagegen steigen nach wohltuender Rast ein kurzes Stück etwas steiler in den Hochwald hinauf, weiter fast eben den Hang entlang in nördlicher Richtung. Weit und breit keine Menschenseele, nur die Stimmen der Natur. Diese Wanderung, zumeist von Leuten gemacht, die schon öfters im Lauterbrunnental waren, ist ein echter Geheimtip – und außer dem Wegweiser an der Talstraße beim Trümmelbachfall gibt es weder Schilder noch Farbmarkierungen unterwegs.

Ab Weggabelung *Staldenfluh* (1681 m/+½ Std.) wird es lebhafter durch Wanderer von der nahen Wengernalp. Doch nicht nur der leichten Erreichbarkeit wegen (Wengernalpbahn), sondern auch weil man nun hoch über dem Trümmeltal mitten ins Herz der Jungfrauregion hineinwandert. Der Anblick von Mönch und Jungfrau ist überwältigend, und der Wanderer ist hier von einer einzigartigen Bilderbuchlandschaft umgeben. Von der *Mettla Alp* (1698 m/+¼ Std.) sind es auf direktem Wege 30 Minuten bis zur Wengernalp und 1¼ Stunden zur Kleinen Scheidegg. Wir wollen jedoch den lohnenderen »Umweg« über die *Biglenalp* machen, verlassen den breiten Wanderweg und folgen einem verträumten Steiglein bis in den Talschluß. Eigentlich kann diese Wanderung nur in Superlativen geschildert werden, und schon eine Rundtour von nur zwei Stunden – zum Beispiel für Senioren oder Familien mit kleinen Kindern – beglückt zutiefst. Auf der *Biglenalp* (1735 m/+¾ Std.) finden wir am stürmischen Trümmelbach einen Rastplatz in urgewaltiger Fels- und Eisszenerie. Das Dreigestirn Eiger, Mönch und Jungfrau gibt diesem abgeschiedenen Erdenfleck ein stimmungsvolles Gepräge. Da kann es einem schon passieren, daß man erst wieder aufbricht, um in das nahe Wäldchen hinaufzusteigen, wenn die Sonne bereits schräge Schatten über die zerfurchten Gletscher des Jungfraumassivs wirft. Bei *Wixi* erreichen wir die Weideböden der *Wengernalp* und kurz darauf die *Station Wengernalp* (1874 m/+¾ Std.).

Biglenalp am Trümmelbach – stiller Rastplatz unter Eigergipfel (mit Firn) und Klein Eiger.

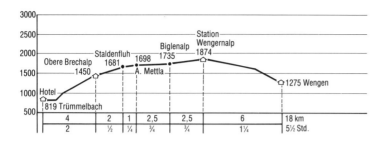

4	2	1	2,5	2,5	6	18 km
2	½	¼	¾	¾	1¼	5½ Std.

Wer will, kann jetzt die Bahn besteigen und ins Tal fahren. Wir lassen den Tag mit dem unbeschwerten Abstieg nach *Wengen* ausklingen (1275 m/+1¼ Std.). Hier empfängt uns die gediegene Atmosphäre eines Kurortes von Weltgeltung. Wengen liegt nordöstlich von Lauterbrunnen auf einem Plateau über einer Steilstufe und ist, wie Mürren und Gimmelwald ohne Straßenanschluß ans Tal, nur per Bahn erreichbar. In den Annalen ist zu lesen, daß Wengen, »das Dorf auf der Wange« (am Hang), noch im Jahre 1835 ein armes, kleines Bergdörfchen am Paßwege war, ohne offizielle Nächtigungsmöglichkeit in Form eines Gasthauses, während die Bergschaft Wengernalp und die Kleine Scheidegg bereits Konzessionen für Wirtschaften besaßen. Die wenigen Gäste wurden in Privatquartieren untergebracht. Erst mit wachsender Besucherzahl entstanden Pensionen und Logierhäuser. Den entscheidenden Aufschwung brachten der Bau der Berner-Oberland-Bahnen (1890) sowie der Wengernalpbahn (1893).

Heute gehört Wengen zum wichtigsten Ortsteil innerhalb der Gemeinde Lauterbrunnen. Obgleich stark frequentiert, empfindet man die Betriebsamkeit als wohltuend und dezent – nichts ist übertrieben und laut. Das Liebliche der Almregion wird ergänzt durch die firnumgürteten Gipfel im Halbrund. Die Wengernalpbahn verbindet Wengen sowohl mit Lauterbrunnen als auch über die Kleine Scheidegg mit Grindelwald. Eine Kabinenbahn führt über eine Steilstufe zum Männlichen und von dort eine Gondelbahn nach Grindelwald.

Bei der Talfahrt nach *Lauterbrunnen* mit der Wengernalpbahn genießen wir den Blick auf den Ort mit seiner Dorfkirche und dem prächtigen Staubbachfall.

Touristische Angaben

Äußerst reizvolle Höhenwanderung ins Herz der Jungfrauregion. Vom Endpunkt Lauterbrunnen Rückkehr per Bus nach Hotel Trümmelbach.

Beste Jahreszeit: Anfang Juni bis Mitte Oktober.

Höhendifferenz: 1150 Meter Anstieg, 700 Meter Abstieg (bei Fahrt ab Wengernalp mit der WAB nur 100 m Abstieg).

Reine Gehzeit: 5½ Stunden (bei Fahrt mit der WAB wie vor nur 4¼ Std.).

Karte: Landeskarte der Schweiz 1:50000, Jungfrau, Blatt 264 und Interlaken, Blatt 254; Berner Oberland, Zusammensetzung 5004.

Einkehrmöglichkeit: Hotel Trümmelbach (819 m). Erfrischungen auf der Oberen Brechalp (ca. 1450 m).

Unterkunft: *Hotel Jungfrau/Wengernalp* (1874 m), Tel.: 036-551622. *Wengen* (1275 m), autofreier Sommer- und Winterkurort; per Bahn von Lauterbrunnen erreichbar. Hotels, Pensionen, Chalets, Ferienwohnungen. Verkehrsverein: CH-3823 Wengen, Tel.: 036-551414.

Talorte: *Stechelberg* (868/910 m), ruhiger Ort ohne Durchgangsverkehr im hinteren Lauterbrunnental. Hotels, Pensionen. Campingplätze. Verkehrsverein: CH-3824 Stechelberg, Tel.: 036-551465. *Lauterbrunnen* (795 m). Hotels, Pensionen, Ferienwohnungen, Touristenheime. Campingplätze. Sehenswert: Staubbachfall. Heimatmuseum. Verkehrsverein: CH-3822 Lauterbrunnen, Tel.: 036-551955.

Weitere Tourenvorschläge:

o Männlichen–Kleine Scheidegg–Wengernalp–Wixi–Biglenalp–Mettlenalp–Allmend–Wengen (5½ Std.).
o Kleine Scheidegg–Wengernalp–Mettlenalp–Staldenfluh–Innerwengen–Wengen (3¾ Std.).

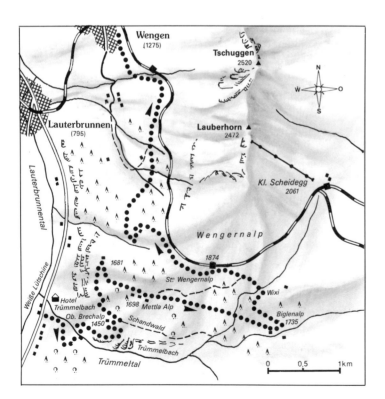

Ein beliebtes Etappenziel ist die Wengernalp mit prächtigem Blick auf Eiger, Klein Eiger, Eigergletscher und Mönch.

Seite 88 Die Obere Brechalp bietet eine großartige Aussicht über das Lauterbrunnental hinweg auf Tschingelgrat und Gspaltenhorn. Unten am Bildrand die Häuser von Gimmelwald.

Von der Grütschalp zur Lobhornhütte

Tour 17

Lauterbrunnen – Grütschalp – Marchegg –
Flöschwald – Sulsalp – Suls-Lobhorn-Hütte –
Kühbodmen – Sulwald – Isenfluh – Lauterbrunnen

Interlaken (aus lat. *inter lacus*) ist einer der ältesten Fremdenverkehrsorte der Schweiz und liegt, wie es der Name schon ausdrückt, zwischen den Seen. Thuner und Brienzer See bildeten einst ein großes Becken. In Jahrtausenden lagerten Lütschine und Lombach ihr Geschiebe ab und schufen so den Schwemmlandboden, das »Bödeli«. Menschen kamen erst viel später hierher und besiedelten zunächst das Randgebiet des neuen Talbodens. Das im 12. Jahrhundert gegründete Kloster trug den Namen Interlaken in die Welt hinaus.

Interlaken, zu Füßen einer firnumgürteten Bergwelt, die zum Greifen nahe liegt, ist die Metropole des Berner Oberlandes. Umgeben vom Flair des internationalen Tourismus, treffen wir auf ein heterogenes Publikum. Sicher trägt das mit dazu bei, daß sich hier jeder wohlfühlt. Große Bedeutung besitzt der Ort auch als Ausgangspunkt für Dampferfahrten auf den beiden Seen, die jedem Besucher wärmstens ans Herz gelegt sein sollen.

Bis zur Reformation beherrschten die Augustinermönche von Interlaken weite Teile des Berner Oberlandes. Aus dieser Zeit blieben nur wenige bauliche Relikte erhalten. Mit der Reformation wurde der gesamte Klosterbesitz am 30. März 1528 verstaatlicht und ging an Bern über.

Vielen Besuchern und Gästen ist nicht bekannt, daß im Bödeli drei Einwohner- und auch drei Burgergemeinden bestehen, nämlich Interlaken, Matten und Unterseen. Alle drei Gemeinden sind stolz auf ihre Eigenständigkeit. Dies schließt jedoch nicht aus, in sachlich wichtigen Dingen auf der Basis von Gemeindeverbänden zusammenzuarbeiten. Unterseen, das oberste Städtchen an der Aare mit alten, liebenswerten Bauten, dem Museum, der Kirche und dem Stadttor, wird im Volksmund »Stedtli« genannt. Matten dürfte die älteste der drei Gemeinden sein. Sehenswert sind die prächtigen alten Bauernhäuser und das berühmte Mattenwirtshaus, ein bauliches Kleinod, heute Gasthaus »Zum Hirschen«. Auf der Freilichtbühne von Matten finden alljährlich im Sommer die

erstmals am 19. Mai 1912 aufgeführten Tell-Spiele statt. Sämtliche Rollen des Schauspiels Wilhelm Tell von Friedrich Schiller werden ausschließlich von Laiendarstellern aus Matten und Umgebung gespielt. Die Vorstellungen finden bei jedem Wetter statt (Dauer: ca. 3 Stunden). Die Zuschauer sitzen zwar unter der gedeckten Tribüne mit 2260 Plätzen, dennoch empfiehlt es sich, warmes Zeug anzuziehen, es sei denn, daß es ein sehr milder Sommerabend ist. Bewunderung und Anerkennung verdienen die Darsteller: sogar bei Regen und Sturm geben sie voller Enthusiasmus ihr Debüt unter freiem Himmel.

Von Lauterbrunnen sind es nur 12 Kilometer bis Interlaken. So bietet sich ein Ruhetag dafür an, sich in Interlaken unter die bunte Schar der Spaziergänger und Museumsbesucher, Bergsteiger und Globetrotter, Badetouristen und Sportfans, High Society und Alternativen zu mischen. Jeder kommt auf seine Kosten.

Die *Grütschalp* (1486 m), von Lauterbrunnen mit der Standseilbahn und von Mürren mit der Grütschalpbahn zu erreichen, bietet eine Fülle idealer Wandermöglichkeiten, sowohl ausgedehnte als auch kürzere. Wir wollen heute zur Suls-Lobhorn-Hütte und am Abend über Sulwald und Isenfluh nach Lauterbrunnen zurückkehren. Oberhalb der Station Grütschalp betreten wir den fast horizontalen Weg, der bereits nach wenigen Minuten beim Wegweiser *Marchegg* steiler gegen den Marcheggwald emporführt. Wie still es hier ist ... weder das Rauschen eines Baches noch das Tosen eines Wasserfalles sind zu hören. Morgendunst steigt aus dem Tal der Weißen Lütschine herauf. Nach einer Dreiviertelstunde treten wir aus dem Wald ins Freie. Der Blick wird magisch angezogen von einem mächtigen Felsbollwerk über dem Saustal. »Schwarze Schopf« heißt dieser Vorgipfel des Spaltenhorns. Wenig nördlich davon zeigen sich erstmals die Lobhörner. Von wo aus man sie auch betrachtet – immer sind die Felsen völlig freistehend. Ein letzter kurzer Anstieg bringt uns zum Aussichtspunkt *Marchegg* (1860 m/1½ Std.). Tief unter uns liegt das Lauterbrunnental, darüber das Jungfraumassiv. Wir kehren zum Abzweig zurück, steigen weiter zur *Rippe von Flöschwald* ab, um bald darauf den *Sausbach* über ein Brücklein zu queren (ca. Höhe 1660 m/+½ Std.). Der Wegweiser »Suls/Lobhorn« zeigt nach Westen. Auf Steigspuren geht es einen zum Teil rutschigen Hang hoch. Direkt über uns ragen die Lobhörner auf. Bei *Punkt 1800* betreten wir einen guten Steig – ein großer Felsblock trägt die Aufschrift »Suls« mit Pfeil nach rechts (links: zu den Hütten von Naterwengli). Ein prächtiger Höhenweg zieht sich nun um den begrasten Hang von *Ars* herum. Die Tiefblicke in die Täler von Grindelwald und Lauterbrunnen mit den darüber aufragenden Bergen sind so einzigartig, daß man immer wieder stehenbleiben und nur schauen möchte. Schon bald liegt das weite Almgebiet von Suls vor uns. An geeigneter Stelle steigen wir über den Sulsbach hinweg und stehen wenig später vor den stattlichen Wirtschaftsgebäuden der *Sulsalp* (1903 m/+1 Std.). Hier gibt es einen köstlichen Käse zu kaufen. Wir können auch auf ein Glas Milch oder eine Tasse Kaffee einkehren. Das wird uns nicht daran hindern, am nahen *Sulsseeli* nochmals zu

---

Seite 89 Ars: ein durch die aufgerichteten Schichtfalten (auf der Nordseite) interessanter Berg nahe der Suls-Lobhorn-Hütte. Er ist in etwa 1½ Stunden von der Hütte unschwierig zu ersteigen.

Bergbauernhaus von Sulwald hoch über dem Lauterbrunnental; dahinter Wellhörner und Wetterhorn.

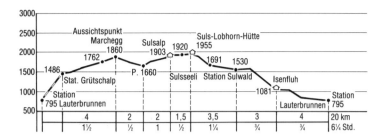

4	2	2	1,5	3,5	3	4	20 km
1½	½	1	½	1¼	¾	¾	6¼ Std.

pausieren und erst recht bei der *Suls-Lobhorn-Hütte*, die wir über interessante Karrenfelder erreichen (1955 m/+½ Std.). Die kleine Hütte liegt auf aussichtsreicher Terrasse und vermittelt eine unvergleichliche Rundsicht über Täler hinweg zu den glanzvollsten Bergriesen des Berner Oberlandes. Eindrucksvoll wirkt der nahe Gipfel von Ars, den wir bei unserem Anstieg umwanderten. Das Wort »Ars« hängt zusammen mit dem lateinischen »Arcus« = Bogen (Arkaden). Die ungewöhnlich aufgewölbte Faltung erklärt den Namen. Etwas ferner stehen die seltsam geformten Lobhörner, die von den ersten Besuchern mit den Dolomiten verglichen wurden. Unter der Bezeichnung »Lobhörner« versteht man nicht etwa Kleines und Großes Lobhorn, sondern die fünf Felszähne, die im Großen Lobhorn gipfeln. In diese einsame Landschaft gestellt, bieten die Lobhörner eingeweihten Kletterern begehrte Tourenziele bis zum IV. Grad.

Entsprechender Markierung folgend, kehren wir auf kürzerer, aber steilerer Route zur *Sulsalp* zurück. Ein beschaulicher und ausgesprochen reizvoller Abstieg nach *Sulwald* liegt noch vor uns. Der Waldweg ist nicht von Bäumen gänzlich überschattet, so daß wir das Blau des Himmels sehen. Loucherhorn und Sägishorn, Faulhorn und Reti im Norden zeigen sich noch schöner als am Morgen. Wegweiser und Markierungen sorgen dafür, daß wir unbeschwert den weiteren Verlauf der Wanderung genießen können. Hinter *Kühbodmen* (1691 m) queren wir ein Alpsträßchen. Von weitem grüßen die dunkelbraunen Speicher und Stadl von *Sulwald*, lieblich an die sattgrünen Hänge geschmiegt. Von der Station der privaten *Gondelbahn* (Teil-Selbstbedienung) (1530 m/+1¼ Std.) steigen wir kurz zum Aussichtspunkt *Sulwald-Flu* hinauf – als hätten wir nicht schon genug Aussicht genossen. Sowohl die Fahrt mit der Gondel über grüne Matten hinweg nach *Isenfluh* im Anblick der großartigen Bergkulisse ist empfehlenswert als auch die Wanderung talab (1081 m/+¾ Std.). Isenfluh liegt auf grüner Sonnenterrasse, umgeben von sauberen Almen. Wer wie wir die Wanderung in die Länge zieht, muß damit rechnen, daß er den letzten Bus ins Tal nicht mehr erreicht (etwa 17.30 Uhr). Das bedeutet einen unvermeidlichen Fußmarsch nach *Lauterbrunnen* (Station 795 m/+¾ Std.).

Touristische Angaben

Aussichtsreiche Bergwanderung auf der Sonnenterrasse des Lauterbrunnentales.

Beste Jahreszeit: Anfang Juni bis Ende Oktober.

Höhendifferenz: bei Benutzung der Grütschalpbahn 700 Meter Anstieg, 1350 Meter Abstieg (bei Benutzung der Gondel Sulwald–Isenfluh und Bus Isenfluh–Lauterbrunnen: 750 m weniger).

Reine Gehzeit: 6¼ Stunden (bei Benutzung von Gondel und Bus: 1½ Std. weniger).

Karte: Landeskarte der Schweiz 1:50 000, Interlaken, Blatt 254; Berner Oberland, Zusammensetzung 5004.

Einkehrmöglichkeit: Erfrischungen auf der *Sulsalp* (1903 m).

Unterkunft: *Suls-Lobhorn-Hütte* (1955 m), SAC-Sektion Lauterbrunnen (privat). 30 Plätze; nur zeitweilig bewartet (Hütte normalerweise verschlossen!). Schlüsseldepots in Sulwald, Lauterbrunnen und Zweilütschinen. Auskunft/Reservation: Tel.: 036-55 12 07. *Isenfluh* (1081 m), Hotel und Ferienhaus; Bus nach Lauterbrunnen (privat).

Talorte: *Stechelberg* und *Lauterbrunnen*, siehe Tour 16. *Zweilütschinen*, siehe Tour 18.

Weitere Tourenvorschläge:
- Grütschalp–Mürren (Höhenweg)–Blumental–Mürrenberg–Schiltalp–Gimmeln–Mürren (4½ Std.).
- Isenfluh–Sulwald–Kühbodmen–Grütschalp–Lauterbrunnen (4½ Std.).

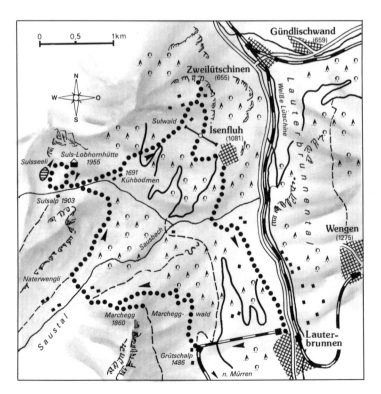

Die Suls-Lobhorn-Hütte der SAC-Sektion Lauterbrunnen, auf aussichtsreichem Sonnenbalkon gegen Jungfrau.

Durchs stille Saustal auf den Kilchfluhpaß

Tour 18

Lauterbrunnen – Grütschalp – Flöschwald /
Sausmatten – Saus/Oberberg – Kilchfluhpaß –
auf gleicher Route zurück

Mitte des 18. Jahrhunderts erwacht eine große Naturbegeisterung und schwärmerische Alpenromantik. Ihre bekanntesten Vertreter sind Albrecht von Haller (1708–1777), Jean-Jacques Rousseau (1712–1778) und Johann Wolfgang von Goethe (1749–1832), um nur einige Namen zu nennen. Durch sie entflammt das Interesse für die einsamen Bergtäler sowie die Sitten und Gebräuche ihrer Bewohner. Zugleich beginnen die hohen Berge und ungezähmten Elemente einen überwältigenden Zauber auf die Besucher auszuüben. Die ersten Reisenden müssen viele Unbequemlichkeiten in Kauf nehmen. Oft ist eine Nächtigung wegen fehlender Gasthöfe nur beim Pfarrer möglich, und die Bewohner begegnen ihnen argwöhnisch, bisweilen sogar feindlich. Erst die fortschreitende Erschließung beseitigt diese Schwierigkeiten.

In seinem 1729 erschienenen Gedicht »Die Alpen« preist der Arzt, Philosoph und Naturgelehrte von Haller die gewaltige Schönheit der Berge und die Ursprünglichkeit ihrer Bewohner. Der Schriftsteller und Philosoph Rousseau fordert mit seinem Aufruf »Zurück zur Natur« den Abstand von der gekünstelten, unnatürlichen Zivilisation des Rokoko, die den Menschen verkümmern läßt. Kein anderes Werk hat für die Erschließung der Alpen als Landschaft eine solche Rolle gespielt wie sein Roman »Julie ou la Nouvelle Héloïse« (1761 erschienen). Viele bedeutende Persönlichkeiten – Dichter, Philosophen, Maler, Komponisten und Wissenschaftler – ließen sich hier noch anführen. Die ersten Alpengipfel werden von Wissenschaftlern erstiegen. Als Träger und Führer begleiten sie Sennen, Bauern, Gemsjäger und Strahler. Ihr hochgelegenes Ziel dient der Klärung wissenschaftlicher Fragen. Um 1750 erforscht Albrecht von Haller die Alpenflora, um 1770 besteigt der Naturwissenschaftler Horace Bénédict de Saussure verschiedene Gipfel der Berner Voralpen. 1811 erreichen die Brüder Johann Rudolf und Hironymus Meyer (beide sind Kartographen) den Gipfel der Jungfrau. In den Jahren 1828/29 unternimmt der Solothurner Geologe Franz Joseph Hugi kühne Bergfahrten im Rottal und am Finsteraarhorn (Hugisattel) zur Erforschung der geologischen und geografischen Struktur der Alpen. Von 1840 bis 1845 machen die Glaziologen Louis Agassiz und Eduard Desor umfangreiche Gletscherstudien im Gebiet des Unteraargletschers. Ab Mitte des 19. Jahrhunderts beginnt sich das Interesse für die sportliche Seite des Bergsteigens herauszubilden.

Nochmals wählen wir die *Grütschalp* (1486 m) als Ausgangspunkt einer Wanderung. Sie führt uns ins entlegene Hochtal des Sausbaches. Den Abzweig nach Marchegg links liegen lassend, wendet sich der Höhenweg in kaum merklicher Steigung dem *Spryssenwald* zu. Lieblich ist der Blick nach Norden auf die Terrassenlandschaft von Sulwald und Isenfluh mit den zur Gemeinde Lauterbrunnen gehörenden Alpen. Über eine Kuppe gelangen wir zu den Hütten von *Flöschwald* (Punkt 1690/1 Std.). Ein weites Almgebiet liegt vor uns, über das sich ein Steiglein weiter taleinwärts zieht. Überall rieseln Bäche und Wasser von den Felsen herab. In den sechziger Jahren schien ein Rückgang der Alpwirtschaft unaufhaltsam, doch dann setzte ein Aufschwung ein, der weiter anhält. Es ist nicht etwa so, wie in einem Wanderbuch zu lesen, daß baufällige und eingestürzte Hütten Begleiterscheinung des Niederganges der Alpwirtschaft und der Entvölkerung seien. Im Gegenteil: durch Lawinen zerstörte Hütten werden repariert, und bis 1988 wurden sogar vier neue aufgestellt.

Wie die Alpen von Suls, Sulwald und Isenfluh zum Beispiel gehört auch die von Saus der Gemeinde Lauterbrunnen. Die auf genossenschaftlicher Basis bewirtschafteten Alpen sind in »Kuhrechte« aufgeteilt. »Kuhrechtanteile« müssen versteuert werden. Leider wurden durch Generationen vererbte Kuhrechte verstückelt und kamen aus dem Tal, nach Basel oder anderweitig hin.

Auf den Sausalpen werden mindestens 100 Milchkühe gesömmert und ebensoviel Jungvieh, berichten uns die Sennen stolz. Der Monat August neigt sich dem Ende zu – seit einigen Tagen herrscht Föhnwetter. Täglich ist mit seinem Zusammenbruch und Neuschnee zu rechnen. Zwischen Sousläger und Saus/Oberberg liegt eine gut 100 Meter hohe Steilstufe. Von weitem schon hören wir das ohrenbetäubende Geläut der Kuhglocken. Dann kommen sie heran, drängen uns förmlich vom Wege. Es ist erstaunlich, wie gewandt die Kühe diesen steilen Felssteig trotz ihres massigen Körpers hinabbalancieren. Am liebsten bleiben sie an jeder Kehre stehen, fressen zwischendurch und blicken ziemlich einfältig umher. Nur das unaufhörliche Läuten der Glocken und das Nachfolgen der »Schwestern« bringt sie immer wieder in Bewegung. Die Zurufe und Stockhiebe der Hirten registrieren sie kaum. Beim Almabtrieb tragen alle zum »Zügeln« große Glocken – ovale aus Blech und runde aus Bronze. Nachdem die Kühe einen Vorsprung haben, führt eine Frau ein schwerbeladenes Pferd den felsigen Steig hinab. Es hat Mühe, sein Gleichgewicht zu halten. Weiter oben an der Rampe des Steilhanges stehen zwei Männer mit einem vollbepackten Kufenschlitten. Wie gebannt verfolgen wir die gefährliche Talfahrt – einer führt den Schlitten vorn, der andere hinten, ihn zugleich bremsend. Alles, was während der Alpzeit auf Oberberg gebraucht wurde, findet nun den Weg hinunter nach Sousläger. Anschließend folgt eine Herde mit Jungvieh und Ziegen. Die zwei Hirten haben außer ihrem Rucksack noch Kochtöp-

Von unten aus dem Saustal betrachtet, erscheint der Schwarze Schopf (im Bild mit sommerlichem Neuschnee), Vorgipfel des Spaltenhorns rechts im Hintergrund, als kühnes Felsbollwerk.

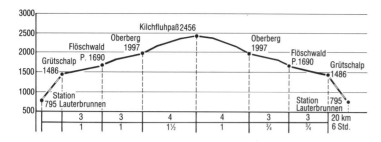

fe, Milchkannen und einiges mehr auf dem Rücken. So geht das Jahr für Jahr...

Uns fällt ein Bericht des Chronisten F. N. König aus dem Jahre 1814 über den »nur im Kanton Bern bekannten Brauch des *Kiltganges*« (nächtlicher Besuch der Burschen bei den Mädchen) ein: »... nach zum Teil drolligen Zärtlichkeitsreden folgt eine Art Kapitulation. Endlich in der oberen Stube angelangt, werden die Burschen mit Kirschwasser erfrischt. Alles weitere geht, wie man sagt, in größter Zucht und Ehrbarkeit zu. Ich mag das glauben, obwohl es mir nicht in den Kopf will, daß ein rüstiger Älpler einen rauhen Bergweg von mehreren Stunden nur zum Platonisieren machen würde. Zudem gibt es oft Symptome, die alles andere als platonisch aussehen und zum Glücke nach der Kirche führen...«

Auf *Saus/Oberberg* (1997 m/+1 Std.) mit der schönen Kulisse von Spaltenhorn und Lobhörnern werden die letzten Arbeiten verrichtet und Fenster und Türen winterfest verschlossen. Uns zieht es weiter hinauf in die Stille dieses einsamen Hochtales. Auf den

obersten Weideböden, von den Bauern »*Schlächti Matti*« (schlechte Matten) genannt, steht noch Jungvieh. Unser Weg verliert sich zeitweilig – dann wieder entdecken wir Farbflecke an Felsblöcken und vereinzelt Pfadspuren. Als Marschrichtung dienen *Schilthorn* und *Kilchfluh*, die das Tal im Süden abriegeln. Die letzten 100 Höhenmeter bringen uns an den Rand des *Türlbodens*. Durch eine merkwürdig leblose, helle Fels- und Geröllmulde gelangen wir auf den begrünten *Kilchfluhpaß* (2456 m/+1½ Std.). Überraschend ist der Tiefblick nach Westen ins Kiental und ins Frutigland. Kilchfluh, Andrist, Dreispitz und Schwalmere stehen über sanften, grünen Talgründen. Der Abstieg ins *Kiental* braucht knapp vier Stunden. Wer diesen Übergang vorhat, sollte im Dorf Kiental eine Nächtigung einplanen.

Auf dem morgendlichen Weg wandern wir zurück ins Tal. Wie verändert jetzt die Landschaft in anderer Richtung und Beleuchtung wirkt. Die Hütten von *Saus/Oberberg* (1997 m/+1 Std.) liegen wie ausgestorben da. Über die Steilstufe hinab in die liebliche Almregion von *Sausmatten*. Noch sind die Spuren des Almabtriebes und der Kufen des schweren Schlittens auf dem felsigen Steig zu sehen. Die Kühe tummeln sich zufrieden auf den saftigen Weideböden, als hätte sich für sie nichts geändert. Doch das Wiehern des Pferdes geht uns durch Mark und Bein. Dabei blickt es verloren hoch nach Oberberg ... es spürt den nahenden Winter und die schon bald verlorene grenzenlose Freiheit. Von *Flöschwald* (Punkt 1690/+¾ Std.) ist es nur noch ein unbeschwertes Dahinschlendern bis zur *Grütschalp* (1486 m/+¾ Std.).

Touristische Angaben

Einsame Wanderung zu den obersten Alpweiden von Saus. Übergang ins Kiental möglich. Keine Einkehrmöglichkeit.
Beste Jahreszeit: Anfang Juli bis Mitte Oktober.
Höhendifferenz: 1000 Meter Anstieg, 1000 Meter Abstieg (bei Benutzung der Grütschalpbahn ab Lauterbrunnen).
Reine Gehzeit: 6 Stunden (bei Benutzung der Grütschalpbahn).
Karte: Landeskarte der Schweiz 1:50000, Interlaken, Blatt 254 und Jungfrau, Blatt 264; Berner Oberland, Zusammensetzung 5004.
Talorte: *Stechelberg* und *Lauterbrunnen*, siehe Tour 16. *Zweilütschinen* (655 m), ein Hotel. Information: Tel.: 036-552486.
Weitere Tourenvorschläge:
o Schilthorn–Schilthornhütte–Bietenlücke–Saus/Oberberg–Grütschalp (5½ Std.).
o Mürren–Winteregg/Oberberg–Marchegg–Flöschwald–Saus/Oberberg–Grütschalp (5 Std.).

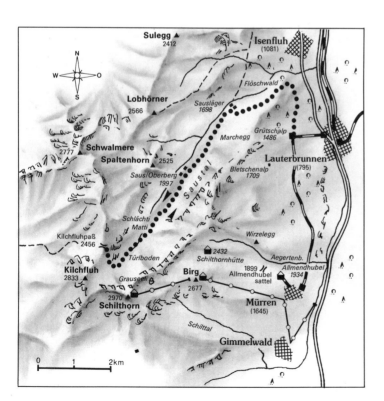

Oben: Almabtrieb von Alp Saus/Oberberg. Im Nordosten breitet sich die Faulhornkette über dem Lütschental aus.
Unten: Alphütte auf Saus/Oberberg gegen die fünf Felszähne der Lobhörner, die eingeweihten Kletterern begehrte Routen bieten.

Piz Gloria

Stechelberg – Schilthorn – Schilthornhütte –
Allmendhubelsattel – Allmendhubel – Bletschenalp –
Grütschalp – Mürren – Stechelberg

Kurz vor Stechelberg befindet sich die Talstation der Schilthornbahn, erbaut in den Jahren 1963 bis 1967. Sie führt in vier Sektionen auf den 2960 Meter hohen Gipfel des Schilthorns mit dem berühmten Drehrestaurant »Piz Gloria«, das sich in 50 Minuten einmal um seine Achse dreht. Schon vor der Erschließung des Berner Oberlandes durch Bahnen war der Gipfel als hervorragender Aussichtspunkt bekannt, und Sommergäste, die zu Fuß, per Maultier oder Tragstuhl nach Mürren kamen, hörten den Ausspruch: »Wer in Mürren war, ohne das Schilthorn bestiegen zu haben, gleicht einem Rom-Pilger, der den Papst nicht gesehen hat.« Der autofreie Ferienort Mürren liegt auf einer Sonnenterrasse in 1645 Metern Höhe im Anblick des gleißenden Jungfraumassivs. Im Gegensatz zu Gimmelwald ist wenig von der alten bäuerlichen Siedlung erhalten geblieben. Blättern wir in der 5. Auflage von Baedekers Reiseführer (1850), so lesen wir über das damals verträumte, ursprüngliche Walserdorf: »... ein Wirtshaus ist nicht vorhanden. Doch sind bei einem Bauern Milch und Brot zu haben, auch ein Nachtlager.«

Obgleich weder durch Straße noch Bahn erreichbar, setzte wie in vielen Orten des Berner Oberlandes in den folgenden Jahrzehnten ein Hotelbauboom ein. So kommt der Regierungsstatthalter von Interlaken 1887 beim Ringen um die Konzession einer Bahn nach Mürren zu der Erkenntnis, daß es im Berner Oberland nicht zu wenig Fremde, sondern zu viele Hotels gibt.

Wie gelangte der »Fremde« – so wurde der Besucher genannt – vor der Erschließung durch die Bahn nach Lauterbrunnen oder in ein anderes Tal? Nehmen wir das Beispiel Lauterbrunnen, so erkennen wir leicht die Bedeutung und das Ausmaß des Fuhrwesens jener Zeit. Eine Zählung im Jahre 1886 ergab, daß von Juli bis Oktober 24000 beladene Fuhrwerke von Interlaken nach Lauterbrunnen und zurück sowie 18000 von Interlaken nach Grindelwald und zurück gefahren sind. Die Strapazen einer solchen Reise waren natürlich groß.

Nach Fertigstellung der Bahnlinie Interlaken–Lauterbrunnen (1890) und Inbetriebnahme der Bahnstrecke Lauterbrunnen–Grütschalp–Mürren (1891) atmeten die Hoteliers in Mürren auf, auch wenn die Bahn zunächst nur im Sommer fuhr und Mürren im Winter wie eh und je einsam blieb. Erst um die Jahrhundertwende

Aus veränderter Perspektive und bei anderen Wetterverhältnissen stellt sich der Schwarze Schopf von Saus/Oberberg gesehen völlig anders dar als auf dem Foto Seite 94. (Abbildung gehört zu Tour 18.)

begann das Interesse an Wintergästen zu wachsen. Mit der Aufnahme des Bahnverkehrs im Winter (1910) erlebte Mürren einen bedeutenden Aufschwung. Wie in anderen Regionen der Schweiz waren viele Besucher im Berner Oberland Engländer, selbst während der Wintersaison. Sie waren es auch, die das Startzeichen zum Wintersport gaben. Blicken wir ein paar Jahrzehnte zurück, so entdecken wir, daß am 29. Januar 1928 erstmals das von Sir Arnold Lunn (1888–1974) ins Leben gerufene »Inferno-Skirennen« zusammen mit Mitgliedern des Kandahar-Skiklubs (1924 in Mürren gegründet) ausgetragen wird. Start dieses alpinen Skirennens ist unter dem Gipfel des Schilthorns (damals nur zu Fuß zu erreichen!), Ziel der Ort Lauterbrunnen. Auf der 14 Kilometer langen Strecke (unter den Volksrennen ist es die längste Strecke der Welt) sind 2142 Höhenmeter zu bewältigen und alle nur denkbaren, zum Teil extremsten Schneeverhältnisse anzutreffen, die mit alpiner Skifahrtechnik gemeistert werden müssen. 1928 stellten sich 17 Läufer dem infernalischen Wettkampf – heute ist das Teilnehmerfeld auf 1400 Fahrer limitiert. Weitere Interessenten müssen aus organisatorischen Gründen abgelehnt werden. Das Inferno-Rennen findet immer im Januar statt und wiederholte sich 1987 das 45. Mal. 1968/69 gelangte das Schilthorn durch den James-Bond-Film »Im Geheimdienst Ihrer Majestät« als alpiner Schauplatz der spannendsten Szenen in den Blickpunkt der Weltöffentlichkeit. Unter dem Namen »Piz Gloria« diente das Drehrestaurant auf dem Schilthorngipfel als Sanatorium, Laboratorium, Festung und dramatischer Kampfplatz. Der Name »Piz Gloria« ist bis heute erhalten geblieben.

Die vielgerühmte Aussicht auf die Berner Alpen mit Eiger, Mönch und Jungfrau im Vordergrund sowie die Fernsicht bis zum Montblanc und über das Berner Mittelland bis zum Jura und Schwarzwald lockt natürlich auch uns. Trotz verschiedener interessanter Anstiegsrouten empfehlen wir die Bergfahrt mit der *Schilthornbahn*, um bei schönem Wetter (sonst *nicht* hochfahren, man ist enttäuscht!) die großartige Rundsicht vom Gipfel, die am frühen Morgen am klarsten ist, in Muße genießen zu können. Außerdem wird der Frühaufsteher (erste beide Gondeln!) mit 15 Prozent Rabatt belohnt. Nach langer Gipfelrast geht es recht steil und ausgesetzt über den *Ostgrat* und die von Schneefeldern durchsetzte *Ostflanke* abwärts. Dieser kurze Abschnitt (etwa 20 Minuten) erfordert Konzentration und Trittsicherheit. Wendet sich der Steig erst nach Norden, ist das Ärgste überstanden. Schon liegt das *Grauseeli* unter uns. Bei einem heftigen Gewitterausbruch über dem Schilthorn im August 1933 hat es einen Teil seiner Schönheit und Größe eingebüßt. Reißende Wasserläufe füllten es mit Schutt.

Beim Wegweiser »*Seefuhre*« (Seewlifura/2600 m) kann man entweder ins Schiltal, Blumental und Sefinental absteigen oder wie wir ins *Engetal* hinauswandern. An den steinigen Hängen des Schwarzgrates, der sich vom Fuße des Schilthorns bis zur Bietenlücke (im Norden) erstreckt, finden wir eine üppige Alpenflora. Auf glattgeschliffener Kalkrippe zwischen Aegerten- und Mürrenbach steht die *Schilthornhütte* (2432 m/1½ Std.) in wunderschöner

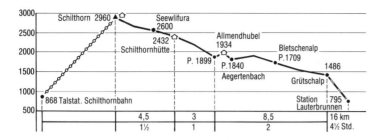

Gebirgsumrahmung. Da setzen wir uns schon gerne für einen Augenblick auf die Terrasse. Der Weiterweg senkt sich sanft nach Osten hin ab. Auf einem Plateau hoch über dem Lauterbrunnental (ca. *Punkt 2200*) machen wir Brotzeit. Großartig ist der Anblick von Eiger, Mönch und Jungfrau... Dies ist so recht ein Tag der unzähligen Rasten, so daß man zur normalen Gehzeit mindestens die Hälfte für Schaupausen hinzurechnen sollte. Zwischen *Wirzelegg* und *Muttlernhorn* verliert der Weg in einigen Kehren bald an Höhe und führt etwas steiler zum *Allmendhubelsattel* hinab (*Punkt 1899*, auf der Landeskarte nicht bezeichnet/+1 Std.). In kurzem Anstieg ist der Aussichtspunkt *Allmendhubel* (1934 m) erreicht. Wer jetzt bereits ins Tal zurückkehren will, kann in wenigen Minuten mit der Allmendhubel-Standseilbahn nach *Mürren* fahren (1645 m; oder ¾ Std. zu Fuß).

Uns reizt jedoch der Höhenweg zur *Grütschalp*. Unterhalb des Allmendhubelsattels queren wir den *Aegertenbach* über ein Brücklein (ca. Punkt 1840), um anschließend wieder etwas an Höhe zu

gewinnen. Äußerst reizvoll und abwechslungsreich zeigt sich der *Panoramaweg*, durch die Bahn von den Stationen Grütschalp, Winteregg und Mürren leicht erreichbar und bei Senioren sowie Familien mit Kindern sehr beliebt. In leichtem Auf und Ab wandern wir in etwa 1900 Metern Höhe über sattgrüne, wellige Almhänge, vorbei an einem verträumten Tümpel, leicht dahin. Klar zeichnen sich Tschuggen und Lauberhorn über dem Lauterbrunnental gegen den Nachmittagshimmel ab. Von der *Bletschenalp* (Punkt 1709) zieht sich der Alpweg in den Wald hinein, dabei immer wieder Ausblicke auf die Berge über dem Grindelwaldtal gewährend. Ab *Grütschalp* (1486 m/+2 Std.) entweder mit der *Standseilbahn* nach *Lauterbrunnen* und per Bus zum Parkplatz der Schilthornbahn in *Stechelberg* oder mit der *Adhäsionsbahn* nach *Mürren* – eine idyllische, aussichtsreiche Fahrt! – und weiter mit der Schilthornbahn nach *Stechelberg*.

Touristische Angaben

Bergabwanderung vom Schilthorngipfel in prächtiger Hochgebirgsszenerie. Auf »Frühaufsteherbillette« (7.15 und 8.55 ab Stechelberg) wird etwa 15 Prozent Nachlaß gewährt.

Beste Jahreszeit: Mitte Juni bis Ende September.
Höhendifferenz: 250 Meter Anstieg, 1800 Meter Abstieg (bei Bergfahrt mit der Schilthornbahn).
Reine Gehzeit: 4¼ Stunden (bei Bergfahrt mit Seilbahn).
Karte: Landeskarte der Schweiz 1:50000, Jungfrau, Blatt 264 und Interlaken, Blatt 254; Berner Oberland, Zusammensetzung 5004.
Einkehrmöglichkeit: Drehrestaurant »Piz Gloria« (2960 m), *Restaurant Birg* (2677 m, Zwischenstation der Schilthornbahn), *Bergrestaurant Allmendhubel* (1934 m).
Unterkunft: *Schilthornhütte* (2432 m), bewirtschaftet Juli bis September. Auskunft/Reservation: Tel.: 036-551167/552640. *Mürren* und *Gimmelwald*, siehe Tour 15.
Talorte: *Stechelberg* und *Lauterbrunnen*, siehe Tour 16.
Weitere Tourenvorschläge:
o Stechelberg–Gimmelwald–Schilthorn (7 Std.).
o Mürren–Schilthornhütte–Schilthorn (4½ Std.).
o Schilthorn–Grauseeli–Wasenegg–Brünli–Spielbodenalp–Wintertal–Mürren (3 Std.).

Der Schilthorngipfel vermittelt prächtige Aussichten wie hier nach Süden auf Tschingelgrat (dahinter Tschingelhorn), Gspaltenhorn und Büttlassen. Nach rechts zieht der Grat zur Blümlisalpgruppe hinüber.

Seite 102   Der Höhenweg Allmendhubel – Grütschalp führt über die Alpweiden von Winteregg. Prächtig sind die Ausblicke nach Osten zum Jungfraumassiv.

Seite 103   Beim Abstieg von der Schilthornhütte ins Lauterbrunnental haben wir ständig den überwältigenden Anblick von Eiger, Mönch und Jungfrau (Jungfrau nicht im Bild) vor uns.

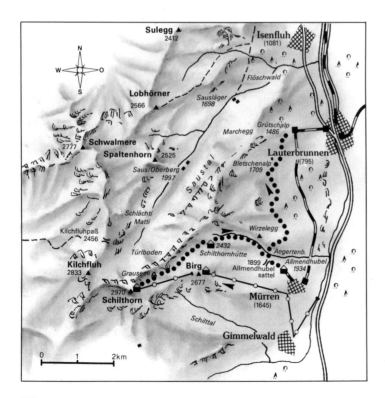

Niesen – Pyramide über dem Thuner See

Mülenen – Schwandegg – Niesen – Oberniesen – Unterniesen – Eggweid – Winklen – Frutigen

Die mittelalterliche Burganlage prägt das Ortsbild von Spiez am Thuner See in einmaliger Weise. Erstmals um 762 taucht der Name Spiez, damals »*Spiets*«, auf. Die Lage auf der Spitze eines Felssporns erklärt den Ursprung des Ortsnamens und beweist zugleich die wirtschaftliche und strategische Bedeutung von Spiez für das Berner Oberland. Der Turm der Schloßkirche war vermutlich in die Verteidigungsanlage mit einbezogen. Bodenfunde aus der Steinzeit und der Zeit der Völkerwanderung sowie die Ausgrabung eines karolingischen Reitergrabes geben Zeugnis davon, daß sich schon sehr früh Sippen auf dem Spiezer Land niedergelassen haben. Die Besitzer des Schlosses (bzw. Burg) »Zum Goldenen Hof« und der Schloßkirche waren im Mittelalter bedeutende Männer, die dem Staat Bern große Dienste geleistet haben. Teile der Burganlage stammen bereits aus dem 10. Jahrhundert. Die heute dominierenden Gebäude wurden vom 15. bis 18. Jahrhundert erbaut.

1835 befuhr der erste Raddampfer, die »Bellevue«, den Thuner See. Für Spiez bedeutete es den Anschluß an den sich langsam entwickelnden Tourismus. Gleichzeitig war Spiez auch Standort für die Postkutschen in die Täler. Der zweite große Schritt in Richtung Tourismus war die Eröffnung der »Thunerseebahn« im Jahre 1893, die Spiez in das Bahnnetz mit einbezog. Mit der Eröffnung weiterer Eisenbahnlinien wurde aus dem beschaulichen Fischer-, Winzer- und Bauerndorf in knapp 20 Jahren ein wichtiger Verkehrsknotenpunkt im Berner Oberland. Die Schienenstränge führen in alle vier Himmelsrichtungen: über Thun nach Bern, Meiringen und Brünig nach Luzern, Kandertal und Lötschbergtunnel nach Brig (Wallis) und weiter über den Simplon nach Italien, durchs Simmental nach Montreux und zum Genfer See. Trotz dieser Entwicklung hat sich Spiez und sein Umland den Reiz ländlicher Idylle bewahrt. Niesen- und Stockhornkette prägen das reizvolle Landschaftsbild. Unmittelbar aus dem Thuner See ragen die sogenannten »Spiezer Klippen« hervor.

Nur wenige Kilometer südlich von Spiez liegt Mülenen im Frutigland mit der 1906 bis 1910 erbauten »Niesenbahn«. Wer von Norden über das bernische Mittelland hinweg die Alpenkette betrachtet, hält inne beim Anblick der ebenmäßigen Gestalt des Nie-

sen. Kein anderer Berg gleicht ihm, der so frei dasteht, ohne durch irgend etwas verdeckt zu werden. »Der Niesen ist unvermeidlicher Hintergrund aller Frühlingsfotos vom Thuner See«, schreibt ein SAC-Führer. Maler greifen zu Pinsel und Palette, wenn sie seiner ansichtig werden. Der eine malt scharfe Konturen gegen den blauen Himmel, der andere die von wallenden Nebeln umgebene »Urgestalt eines Berges«. Gerne wird der Niesen als Wetterprophet genannt. So heißt es unter anderem: »Hat der Niesen einen Hut, wird das Wetter werden gut. Legt er an den weißen Kragen, magst Du Dich hinaus noch wagen. Schnürt er aber um den Degen, bleib' zu Haus', es kommt Regen.«

Viele Berge wurden infolge der allgemeinen Bergfurcht erst spät bestiegen, nicht so der Niesen. Der Berner Professor Benedikt Marti, genannt Aretius, stand bereits im Jahre 1557 auf dem Gipfel und beschrieb sehr anschaulich Besteigung und Aussicht. Albrecht von Haller (1708–1777, Verfasser des Gedichtes »Die Alpen«) erklomm ihn sogar zweimal. Da sich der Niesen im Laufe des 19. Jahrhunderts immer größerer Beliebtheit erfreute, entstand im Jahre 1856 knapp unterhalb des Gipfels das Niesenhotel mit 24 Gästebetten (heute 17).

Als Ausgangspunkt für die Bergbesteigung wählte man meistens Mülenen. Doch nach der Eröffnung des Hotels wurde ein neuer Weg von Wimmis im Simmental angelegt, der es ermöglichte, auf den Niesen zu reiten oder sich gar mit einem Tragsessel hinauftragen zu lassen. Hierfür waren vier Träger nötig, die sich jeweils zu zweit im Tragen ablösten. Ein Träger kostete pro Tag 8 Franken, ein Führer 4 bis 6 Franken, ein Reitpferd mit Führer 15 bis 20 Franken. Man mußte schon wohlhabend sein, um sich diesen Luxus leisten zu können. Wie stark frequentiert der Gipfel bereits vor der Eröffnung der Niesenbahn war, ist alten Gästebüchern zu entnehmen: 1873 hatten sich allein 510 Nächtigungsgäste eingetragen. Hinzu kamen noch jene, die Auf- und Abstieg an einem Tag machten.

Der Anstieg erfordert, einerlei von welcher Seite, 5 bis 6 Stunden. Mit der besten Aussicht ist es dann allerdings häufig vorbei. Daher empfiehlt sich die möglichst frühe Bergfahrt mit der *Niesenbahn*. Besonders lohnend wird der Tagesausflug, wenn wir bei der *Mittelstation Schwandegg* (1666 m) aussteigen und hier die Wanderung beginnen. Schon bald oberhalb der Station lichtet sich der Wald. Im Schutze windzerzauster und flechtenbehangener Wetterfichten steht sorgsam gehegter Jungwald mit Föhren, Arven und Bergerlen. In vielen Windungen geht es bergan. Die in den Steilhang gesetzten und an Felsvorsprünge angelehnten Lawinenverbauungen schützen Wald und Bahnanlagen. Leuchtende Bergblumen und Wildheupflanzen säumen den Zickzackweg. Dann wird der Grasteppich dünner und loses Geröll sowie Blockwerk häufiger. Vom *Hotel Niesen Kulm* (2343 m) steigen wir in wenigen Minuten zum höchsten Punkt des *Niesen* (2362 m/2¼ Std.). Fantastisch ist der Blick von Ost nach West zur Parade der Firngipfel über grünen Talgründen. Wie auf dem Gipfel des Schilthorn erleichtern Panoramatafeln die Orientierung. Märchenhaft schön lie-

Vom Niesen, einem der meistbesuchten Aussichtsgipfel im Berner Oberland, geht der Blick nach Osten: Morgendunst liegt über Thuner und Brienzer See, der »Riviera des Berner Oberlandes«.

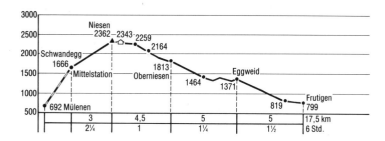

3	4,5	5	5	17,5 km
2¼	1	1¼	1½	6 Std.

gen in der Tiefe Thuner und Brienzer See – Nebelschwaden ziehen wie Segel darüber hin. Prächtig sind die Tiefblicke in die Täler im Süden: Kiental, Kandertal, Engstligental, Diemtigtal, Simmental. Über das Mittelland hinweg mit seiner exakt wie von einem Architekten geformten Ebene – adrett, einem Mosaik gleich – sucht das Auge die Vogesen und den Schwarzwald. Wir werden des Schauens nicht müde und müssen doch irgendwann an den Abstieg denken. Der abwechslungsreichste ist jener nach *Frutigen*. Durch die begraste *Westflanke* zum *Vorgipfel* des Niesen (2299 m), weiter nach Nordwesten bis *Punkt 2164*. Hier wenden wir uns nach Süden, verlassen den von Wimmis heraufkommenden Steig, queren alsbald den *Verbindungsgrat Niesen–Fromberghorn* und erreichen nach raschem Höhenverlust die *Alp Oberniesen* (1813 m/+1 Std.). An der Holzwand einer Alphütte der Spruch: »Zur Wohnung hier für kurze Zeit, die Heimat ist die Ewigkeit.«

Üppig und fruchtbar liegen die Weideböden von Unterniesen und Senggi im Halbrund vor dem Wanderer ausgebreitet. Der

Blick verliert sich in die Täler der Kander und Engstligen. Bis zu den Alpgebäuden von *Unterniesen* sind es nur 15 Minuten. Kurz darauf eine Straße, die wir nach rechts hinaufgehen, bis eine Wegtafel mit dem Hinweis »Bergweg« nach links über eine Bergwiese und auf das Ende eines Wirtschaftsweges führt. Nun erneut nach rechts wenden und zum *Schlumpach* hinabsteigen, dessen breites, mit Schotter aufgefülltes Bachbett gequert wird. Auf der anderen Seite wieder etwas an Höhe gewinnen. So geht das einige Male – rauf, runter, rauf, runter...

Unter dem Grat von *Bündiegg* wandert es sich dann unbeschwert nach *Eggweid* hin (1371 m/+1¼ Std.). Der Aussichtspunkt lädt zu beschaulicher Rast ein. In weitem Bogen grüßt die Kette der Berner Alpen herüber. Der folgende schöne Bergpfad schlängelt sich abwechselnd durch Wald und über Alphänge. Nach Queren des *Heitibaches* geht es auf dem recht steilen, stein- und felsdurchsetzten breiten Waldweg direkt über der tiefen Schlucht des Baches talwärts. Eine Brücke leitet über den *Gunggbach* zum Weiler *Winklen* und sanft hinaus nach *Frutigen* (799 m/+1½ Std.).

Touristische Angaben

Unschwierige Bergwanderung mit Gipfelbesteigung.
Beste Jahreszeit: Juni bis Ende September/Anfang Oktober.
Höhendifferenz: bei Bergfahrt mit der Niesenbahn bis Zwischenstation Schwandegg 750 Meter Anstieg. 1630 Meter Abstieg (ab Mülenen + 1000 m Anstieg).
Reine Gehzeit: ab Station Schwandegg 6 Stunden (ab Mülenen 8¾ Std.).
Karte: Landeskarte der Schweiz 1:50 000, Gantrisch, Blatt 253; Berner Oberland, Zusammensetzung 5004.
Unterkunft: *Berghaus Niesen-Kulm* (2336 m). Fremdenzimmer, Gaststube, Speisesaal, Sitzungszimmer; Felsenkeller mit ausgesuchten Weinen. Tel.: 033-76 11 13.
Talorte: *Wimmis*, siehe Tour 1. *Mülenen* (692 m), Talstation der Niesenbahn (7 km nördlich von Frutigen). *Frutigen* und *Reichenbach*, siehe Tour 22. *Kandersteg*, siehe Tour 24.
Spiez (612 m), an der Südseite des Thuner Sees in malerischer Seebucht eingebettet. Hotels, Pensionen, Ferienwohnungen. Idealer Ferienort für Wanderer und Wassersportler. Verkehrsverein: CH-3700 Spiez, Tel.: 033-54 21 38/54 26 27.
Weitere Tourenvorschläge:
o Frutigen–Rüteni–Kandersteg (4½ Std.).
o Frutigen–Frutigspissen–Adelboden (5¼ Std.).

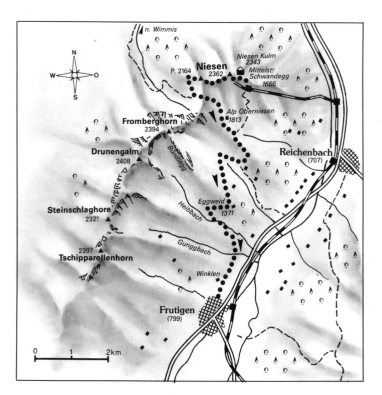

Tiefblick vom Niesen auf Frutigen, Kandertal (links) und Engstligental (rechts). Am Horizont: Balmhorn, Altels und Rinderhorn, rechts Wildstrubelgruppe. In Bildmitte vorgelagert die Lohnergruppe.

Seite 108   Blick vom Niesen auf Gantrisch- und Stockhorngruppe. Darunter das Niedersimmental.

Kiental, Abendberg und Spiggengrund

Tour 21

Kiental – Griesalp – Gälmialp – Kanzel –
Abendberg – Alp Mittelberg – Alp Schwand –
Spiggengrund – Kiental

Eine reiche Sagenwelt hat sich besonders in abgeschiedenen Bergtälern entwickelt – dort, wo Menschen völlig auf sich gestellt lebten und von den Naturgewalten bedroht waren. Ein Teil der Sagen
überlieferte sich von Generation auf Generation – einige gingen
verloren, andere entstanden neu. In der unzugänglichen Bergwelt
und den Höhlen der Wildnis leben die Feen, Zwerge und Riesen.
Die Zwerge werden »Bärglütli« genannt und sind den Menschen
im allgemeinen gut gesonnen. Magische Kräfte werden ihnen
nachgesagt. Sie helfen den Menschen, verrichten für sie Arbeiten,
melken Kühe, heilen Kranke, lindern Not und lehren die Heilkraft
der Kräuter kennen. So glauben die Älpler zum Teil noch heute,
daß ihr Vieh aus den Pflanzen ihrer Alpen jene Kraft zieht, die
auch in Milch und Käse einfließt. Die sich in heilsamen Wurzeln
und Kräutern auskennenden »Wurzelfrauen« wurden mit einer
gewissen Scheu betrachtet, weil man glaubte, sie seien mit den
Bärglütli vertraut. Die Mythen berichten auch von der »Goldenen
Zeit«, da in den Bergen nur Überfluß herrschte. Durch die Schuld
der Menschen, die übermütig, unbarmherzig und undankbar ge-
worden waren und ihre Wohltäter sogar verspotteten, ging diese
paradiesische Zeit verloren. Wo die Menschen es zu arg trieben,
übten die Bärglütli Gerechtigkeit. Das fruchtbare Land wurde über
Nacht von Lawinen, Schnee, Eis, Gletschern und Felsen bedeckt
und die Habgierigen getötet. Vieles wiederholt sich in den Sagen
der Gebirgswelt: der Tanzboden, der Schlangenvertreiber, der
schwarze Geiger, der Hexensabbat an einsamen Plätzen und die
hübschen Hexen, die den jungen Burschen den Kopf verdrehen.
Die Sage vom kühnen Jäger Tell, den es historisch nie gegeben hat,
wurde zum Mythos für die Freiheit. Wilhelm Tell lebt in den Tell-
spielen weiter. Am 1. August, dem Nationalfeiertag der Schweiz,
gedenkt man der Freiheit und des historischen Tages auf dem
Rütli.

Wer fernab der lärmenden Welt stille Beschaulichkeit und alle

---

*Seite 109   Über dem Talschluß des Spiggengrundes ragt im Osten die von
mächtigen Felsflühen unterbaute Kilchfluh auf. Der Anstieg erfolgt vom
Schilthorn aus.*

*Großartig zeigen sich dem Besucher des Abendberges im Südwesten über
dem Kiental das Salzhorn mit seinem markanten, zwei Kilometer langen
Nordostgrat sowie das Aermighorn.*

Reize einer unverfälschten Bergwelt sucht, den würzigen Wald,
seltene Blumen, Gletschermühlen und eine erhabene Aussicht,
findet sie im Kiental, das bei Reichenbach ins Frutigtal mündet.
Über die Vorzeit des Tales geben die Urkunden nur dürftig Auskunft. Sagen zufolge – und an solchen ist das Tal nicht arm – soll
der hinterste, höhergelegene Talboden vor vielen Jahrhunderten
von Menschen bewohnt gewesen sein. Doch die eigentliche Besiedlung des Kientales, das lange als abgelegen, wild und unsicher
galt, erfolgte recht spät. Bis 1930 fuhr eine Postkutsche ins Kiental.
Dann wurden Postautos eingesetzt, später sogar auf der steilsten
Bergpoststraße Europas (bis 28 Prozent Steigung) bis zur Griesalp.
Durch die Straße bis zur Griesalp, den Sessellift vom Dörfchen
Kiental nach Ramslauenen (gebaut 1947) sowie die beiden Skilifte
Kobenen (seit 1963) und Kühmatti (seit 1975) ist das Tal für den
ruhe- und naturliebenden Bergwanderer hinreichend erschlossen.
Die Dörfer Scharnachtal und Kiental mit ihren dunkelbraunen,
von Malerei und Blumen geschmückten Häusern und der saube-
ren Dorfstraße strahlen gastliche Behaglichkeit aus.

An Ausflügen, Wanderungen und Bergtouren bietet das Tal eine
fast unbegrenzte Auswahl. Eine der bekanntesten Bergwanderungen, die das Kiental berühren (aber lang und anstrengend), verbindet das Lauterbrunnental über Sefinenfurke und Hohtürli mit dem
Kandertal (siehe »Die schönsten Höhenwege der Westalpen« von
Trenker/Dumler). Äußerst reizvoll, dabei die 1000-Meter-Höhe
kaum überschreitend, ist der »Panoramaweg Kiental–Thunersee«.
Zu den lohnendsten Unternehmungen der Region zählt der Höhenweg an der Nordrampe der Lötschbergbahn von Ramslauenen
über Wyssenmatte nach Kandersteg. Im Jahre 1961 auf Anregung
und in Zusammenarbeit mit der »Bern-Lötschberg-Simplon-Bahn«
(BLS) angelegt, wurde er durch großzügige Subvention des Kanton Bern ab Sommer 1987 neu erstellt und 1988, im Jubiläumsjahr
der BLS-Bahn, schöner denn je wieder eröffnet.

Kommen Sie mit uns auf den »*Aabeberg*«, wie die Einheimischen
den prächtigen Aussichtsberg nennen, der dort, wo sich das Kiental gabelt, als Trennung zwischen Spiggengrund und Gorner-
grund steht. Mit dem Postbus fahren wir von Kiental zur Griesalp
(Privatstraße, nur mit Bewilligung befahrbar, Mautgebühr; oder
2 Stunden zu Fuß). Über eine erste Talstufe erreichen wir die
Tschingelalp. Hier bildete sich im Jahre 1972, nachdem ein heftiges
Gewitter am Aermighorn riesige Schuttmassen loslöste, ein Bergsee, der *Tschingelsee*. Auf drei Seiten umgürten hohe Felsen die
Alp. Auf den ersten Blick scheint es unmöglich, daß die Straße eine
Fortsetzung findet. Doch das Postauto schraubt sich die kurvenrei-
che, supersteile Straße immer höher – hier die nackte Felswand,
dort der gähnende Abgrund. Der Busfahrer zeigt sich als wahrer
Jongleur. Ringsum fallen kleine Bächlein über die Felsen herab
und lassen sich vom Winde fein zerstäuben. Im Winter, wenn sibi-
rische Kälte herrscht, hängen die Bäche als eisige Klumpen an den
Wänden. Die Straße kann dann nur bis zum Tschingelsee befahren
werden – weiter geht es zu Fuß oder mit dem Pistenfahrzeug.

Vom *Berghaus Griesalp* (1407 m) führt ein Sträßchen zur *Pension*

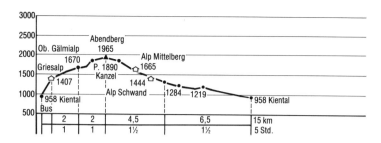

Golderli. Vorbei am *Naturfreundehaus* geht es zur *Unteren Gälmialp*. Einzigartig ist der Blick gegen den Talhintergrund mit Gspaltenhorn und Blümlisalp. Abwechselnd auf dem Wirtschaftsweg oder schmalem Pfad steigen wir hinauf zu den Hütten der *Oberen Gälmialp* (1670 m/1 Std.). Wir spüren Stille und Abgeschiedenheit. Die Bauern sind emsig am Wirken – es ist hoher Sommer. Die Tätigkeit der Talbewohner beschränkt sich im wesentlichen auf die Alpwirtschaft. So gibt es nicht nur in Gasthöfen, sondern auch in Privathäusern einfache, saubere Quartiere. Sie helfen, den Unterhalt mit zu bestreiten.

Der Steig windet sich bald zwischen Felsblöcken hindurch und über Baumwurzeln hinweg. Bei *Punkt 1717* nochmals ein *Hüttchen*, das rechts liegenbleibt. In nördlicher Richtung geht es auf einer Bergwiese etwas steiler empor, bis wir in 1890 Metern Höhe einen Sattel erreichen. Wir lesen auf dem Wegweiser »Kanzel« – vermutlich der wunderbaren Aussicht und Tiefblicke wegen. Vor uns bauen sich Felstürme auf. Sie sehen jedoch gefährlicher aus, als sie

sind. Ein guter Weg leitet zwischen hellen Kalkfelsen hindurch zu den zwei Sennhütten auf der sanften Alpe unter dem *Abendberg*, der als rasige Kuppe recht unscheinbar vor uns liegt und in wenigen Minuten erstiegen ist (1965 m/+1 Std.). Eigenwillig stehen Dreispitz und Schwalmere über dem Spiggengrund. Von Osten nach Süden reihen sich Zahm Andrist, Wild Andrist, Hundshorn, Büttlassen, Gspaltenhorn und Blümlisalpgruppe aneinander – von Süden nach Westen Dündenhorn, Salzhorn, Aermighorn und Sattelhorn. Wer auf diesem leicht erreichbaren Gipfel einmal einen Sonnenuntergang erleben durfte, wird verstehen, woher der Berg seinen Namen hat.

Wir kehren zum Sattel »Kanzel« zurück. Über weite Almböden und durch hohen Tannenwald geht es hinab zu den Alphütten von *Mittelberg* und *Schwand* und schließlich in den lieblichen *Spiggengrund*. Alle hohen Gipfel haben sich jetzt weit zurückgelehnt. In der Tiefe gurgelt das Wasser des Spiggebaches. Auf dem bequemen *Wirtschaftsweg* (ca. 1380 m/+1½ Std.) haben wir Muße zum Schauen. Etwa bei Punkt 1219 gelangen wir über eine Brücke auf die orografisch rechte Seite des Baches. Das letzte Wegstück ist idyllisch und genußvoll, es zieht in leichtem Auf und Ab den Hang entlang bis *Kiental* (958 m/+1½ Std.).

Touristische Angaben

Erholsame Wanderung auf Wald- und Almwegen mit leichter Gipfelbesteigung.

Beste Jahreszeit: Mitte Juni bis Oktober.
Höhendifferenz: 600 Meter Anstieg, 1000 Meter Abstieg.
Reine Gehzeit: 5 Stunden.
Karte: Landeskarte der Schweiz 1:50000, Interlaken, Blatt 254 und Jungfrau, Blatt 264; Berner Oberland, Zusammensetzung 5004.
Unterkunft: *Griesalp* (1407 m), Endstation Postauto/Privatstraße; Hotels, Pensionen, Ferienwohnungen, Massenlager. Information beim Verkehrsverein Kiental.
Talorte: *Reichenbach* und *Frutigen*, siehe Tour 22. *Kandersteg*, siehe Tour 24. *Kiental* (958 m), ruhig gelegener Sommer- und Winterkurort inmitten einer unberührten Berglandschaft. Hotels, Ferienwohnungen. Verkehrsverein: CH-3711 Kiental; Tel.: 033-761010. *Ramslauenen* (1409 m), Endstation der Sesselbahn von Kiental und Ausgangspunkt des Höhenweges an der Nordrampe der Lötschbergbahn. Wenige Minuten von der Bergstation liegt das *Berghaus Ramslauenen* mit ca. 33 Massenlagern und einigen Betten.
Weitere Tourenvorschläge:

○ Ramslauenen–Wyssenmatte–Kandersteg (Höhenweg an der Nordrampe der Lötschbergbahn (6 Std.).
○ Steineberg–Gamchi–Gspaltenhornhütte und zurück (5½ Std.).

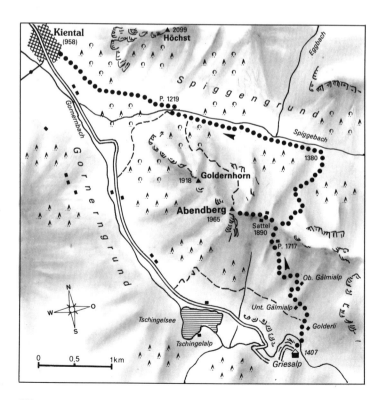

Auf der Kanzel unter dem Abendberg: Blick auf Schwalmere-Südwestgrat mit Brittere- und Glütschhöreli. Die Felswände von Lauchereflue fallen gegen den Spiggengrund hin ab.

Gällihorn und Üschenegrat

Kandersteg – Stock – Winteregg – Gällihorn –
Üschenegrat – Wyssi Flue – Schwarzgrätli –
Üschenetal – Kandersteg

Für viele Schweiz-Besucher geht das Berner Oberland nicht über
Grindelwald und Lauterbrunnen hinaus und nur die eindrucksvolle Berglandschaft um Eiger, Mönch und Jungfrau zählt. Es ist verständlich, denn diese Region bietet auf relativ kleiner Fläche eine
unbeschreibliche Vielfalt an Naturschönheiten. Der Kenner allerdings weiß, daß sich das Berner Oberland viel weiter nach Westen
erstreckt, bis an die Grenze des Waadtlandes – und daß auch die
Täler der Kander, Engstligen, Simme und Saane mit beglückenden
landschaftlichen Reizen und herrlichen Wandermöglichkeiten auf-
warten. Das zeigten bereits die letzten zwei Tourenvorschläge aus
dem Frutigen- und Kiental.

Funde aus der Bronzezeit beweisen, daß Kandersteg schon früh
als Ausgangspunkt für Übergänge ins Wallis (über Gemmi- und
Lötschenpaß) Bedeutung hatte. Seine turbulenteste Zeit erlebte
der Ort allerdings in jüngerer Zeit, nämlich während des Baues
des Lötschbergtunnels in den Jahren 1906 bis 1913. Durch die vielen Bauarbeiter wuchs die Einwohnerzahl damals auf 3500 an.
Heute zählt der Fremdenverkehrsort, der sich seinen typischen
Dorfcharakter auffallend bewahren konnte, etwa 1000 Einwohner.
Sehenswert ist das »Ruedihaus« von 1753 zwischen Dorfzentrum
und Eggeschwand, lohnend ein Ausflug zum Oeschinensee in
hochalpiner Umrahmung (Sessellift ab Kandersteg, dann 20 Min.
zu Fuß), erholsam ein Besuch des Blausees bei Mitholz (3 km vor
Kandersteg, Parkplatz; zu Fuß von Kandersteg 1 Std.). Als traditio-
nelles Volksfest gefeiert wird das im Juli stattfindende Reiterfest
mit Teilnehmern aus der ganzen Schweiz. Aus dem Tal nicht mehr
wegzudenken ist das alljährlich Ende Juli/Anfang August am Daubensee (nahe Gemmipaß) stattfindende »Schäferfest«. Schmun-
zeln mußten wir über die Berichterstattung in einer Alpenzeitung:
»... 1000 Schafe und 4000 Touristen wurden beim traditionellen
Schäferfest gezählt.«

Seit Mitte der achtziger Jahre hat sich eine neue Sportart rasant
entwickelt: das Gleitschirmfliegen. Der Werbeslogan heißt: »Nur
Fliegen ist schöner.« Die erste Gleitschirm-Flugschule des Berner
Oberlandes wurde im Sommer 1986 in Kandersteg eröffnet. Aus-
gebildete Fluglehrer vermitteln den Schülern die Technik des
Gleitschirmfliegens, einer Mischung aus Deltafliegen und Fall-

schirmspringen. Verpackt paßt der Schirm in einen mittleren Berg-
rucksack und wiegt je nach Ausführung zwischen 3,5 und 5 Kilogramm. Gesteuert wird mit zwei Leinen. Zum Landen zieht der
Gleitschirmflieger etwa 3 Meter über dem Erdboden beide Leinen
gleichzeitig. Die Fahrt wird abgebremst und in einen kurzen Auf-
trieb umgewandelt. Die Fluggeschwindigkeit eines Gleitschirms
beträgt je nach Typ im windstillen Luftraum etwa 45 Kilometer je
Stunde. Zum Fliegen sind entsprechende Wetterverhältnisse erforderlich und ein Starthang mit einem Neigungswinkel zwischen 30
und 40 Grad. Auf jeden Fall sollte ein Flugkurs absolviert werden.

Von einer Bergwiese auf der Allmenalp nahe der Bergstation der
Luftseilbahn Kandersteg–Allmenalp starten die Flugaspiranten.
Mit ihren bunten Schirmen schweben sie lautlos im Anblick der
gleißenden Blümlisalpgipfel hinab ins Tal der Kander.

Als markanter Felsgipfel steht das *Gällihorn* im Südwesten über
dem Talschluß von Kandersteg. Mit dem »Höhenweg Üschenegrat«
läßt sich seine Besteigung gut verbinden. In wenigen Minuten
schweben wir mit der Seilbahn von *Eggeschwand* zur *Bergstation* auf
dem *Stock* (1834 m). Der schmale Weg rechts des Restaurants
bringt uns rasch zum *Winteregg*. Dort biegt scharf nach Norden der
felsige Steig zum *Gällihorn* ab. Erst durch lockeres Latschenge-
büsch, bald über freie Hänge, geht es in einigen Windungen direkt
unter den steilen Felsen der *Gällihorn-Nordostwand* in einen aussichtsreichen *Sattel* (etwa Höhe *2150 m*). Dann treten wir in den
Schatten des mächtigen Felsturmes. Durch den schrofigen Berg-
hang zieht sich ein Pfad zum Gipfel hin, der weder schroff noch
felsig wie seine Nordwand ist, sondern von weichem Gras bedeckt
(2284 m/1½ Std.). Die Rundsicht ist traumhaft schön und läßt jeden
Bergwanderer schon am frühen Morgen eine lange Rast einlegen.
Dabei beteiligen sich die Bergdohlen gerne am Frühstück. Das Gällihorn vermittelt prächtige Tiefblicke ins Gasterntal und auf die
Spittelmatte mit dem Gemmiweg. Der Blick wird magisch angezogen von Fisistock und Doldenhorn im Osten – sie gleichen unein-
nehmbaren Felsenburgen. Eindrucksvoll ragen die Firngipfel von
Altels und Rinderhorn mit der messerscharfen Firnschneide über
der Gemmi-Ebene auf.

Vom Gipfelplateau des Gällihorns geht es etwa 10 Minuten auf
der Anstiegsroute zurück. Dann leitet uns die Markierung zum
»Höhenweg Üschenegrat«, der sich immer 50 bis 100 Meter unter der
Kante des auf dieser Seite von Felsbändern durchsetzten, schrofigen Grates nach Südwesten entlangzieht. Das muntere Blöken der
possierlichen Bergschafe hallt durch die morgendliche Stille. Dun-
kelbraun sind die mit den schwarzen Stupsnasen, weiß jene mit
dunkelbraunen Nasen und Pfoten. Die Gipfel der Lohnergruppe
überragen das Üschinental im Westen als langgezogener Berg-
kamm. Den stärksten Eindruck vermittelt diese Berggruppe den
Besuchern von Adelboden: hier ragt der wuchtige Felsaufbau aus
grünem Talgrund 1800 Meter in die Höhe.

Im Süden grüßt über dem Engstligengrat der Großstrubel. Das
Tschingellochtighorn zeigt sich als kühner Felsgipfel gerade dort,
wo sich Engstligengrat, Ärtelengrat und der vom Vorderen Lohner

*Auf der Allmenalp unter Chlyne Lohner und Bunderspitz (kleiner Zapfen
rechts) finden wöchentlich Käsereibesichtigungen statt.*

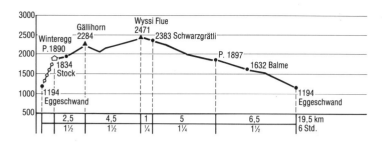

über den Ortelenpaß herabkommende Grat vereinigen. Ein Meer von Eisenhut säumt den Weg, der durch diese abwechslungsreiche Berglandschaft dahinzieht. Nach Durchschreiten eines Pförtchens gewinnen wir auf gutangelegtem Felssteig schnell an Höhe und erreichen bald den höchsten Punkt des Üschenegrates, die *Wyssi Flue* (2471 m/+1½ Std.). Die Aussicht reicht über Daubensee und Gemmipaß bis hin zu den Walliser Alpen. Anschließend geht es hinab zum *Schwarzgrätli* (2383 m/+¼ Std.). Nach Osten ist der Abstieg über Hotel Schwarenbach zur Bergstation Stock möglich: Gehzeit 2¼ Stunden.

Wir entscheiden uns für den Weiterweg ins *Üschenetal*. Vom Schwarzgrätli führen Spuren in westlicher Richtung den Geröllhang hinab. Angenehmer und sicherer folgen wir der Richtung des *Wegweisers*. An der steilen Nordwand des Felshorns entlang, zum Teil unter überhängenden Felsen (Fixseil, speziell für Wintersportler), geht es abwärts. Nach etwa 15 Minuten links der Abzweig zum *Tällisee* und *Engstligengrat* sowie zur *Roten Chumme* ins

Gemmigebiet. Karg und ernst mutet der Talschluß unter der finsteren Wand des Schwarzgrätli an. Bei den Hütten von *Unterbächen* (Punkt 1897/+1¼ Std.) betreten wir einen Wirtschaftsweg und folgen dem Lauf des *Alpbaches*. Mächtig ragen die Lohnerwände über dem einsamen Tal auf und vermitteln einen wilden Anblick. Bald wird die Landschaft lieblicher, auch wenn die Alpwiesen mit riesigen Felsbrocken übersät sind. Ende August werden die oberen rauhen Alpen schon geräumt und das Vieh bleibt bis zum Almabtrieb auf *Usser Üschene* (um 1600). Nach Westen folgt das Auge der steilen Aufstiegsroute zur Bunderchrinde (Übergang nach Adelboden im Engstligental). Jetzt verlassen wir das Alpsträßchen und wandern unter der Felswand des Gällihorns auf verträumtem Pfad talwärts. Wild tosend stürzt der Alpbach in die Tiefe. Zwischendurch einige Male die Straße querend, kehren wir nach *Eggeschwand* zurück (1194 m/+1½ Std.).

Touristische Angaben

Alpiner Höhenweg mit lohnender Gipfelbesteigung.
Beste Jahreszeit: Juni bis Oktober.
Höhendifferenz: bei Seilbahnbenutzung von Kandersteg-Eggeschwand bis Bergstation Stock 900 Meter Anstieg, 1500 Meter Abstieg (zu Fuß ab Eggeschwand +650 m Anstieg).
Reine Gehzeit: bei Seilbahnbenutzung (wie vor) 6 Stunden (zu Fuß ab Eggeschwand +1¾ Std.).
Karte: Landeskarte der Schweiz 1:50 000, Wildstrubel, Blatt 263; Gstaad–Adelboden, Zusammensetzung 5009.
Einkehrmöglichkeit: (falls *nicht* ins Üschenetal, sondern zur Spittelmatte/Gemmiweg vom Üschenegrat abgestiegen wird): *Restaurant Sunnbüel* und *Restaurant Stock* (nur im Sommer).
Unterkunft: *Berghotel Schwarenbach* (2060 m); 20 Betten, 120 Matrazenlager; Tel.: 033-751272.
Talorte: *Kandersteg,* siehe Tour 24. *Frutigen* (803 m), Hauptort des Frutiglandes. Hotels, Pensionen, Ferienwohnungen, Gruppenunterkünfte. Campingplatz. Der Talboden von Frutigen liegt zwischen Niesenkette im Westen, Gehrihorn im Osten und Elsighorn im Süden. Verkehrsverein: CH-3714 Frutigen; Tel.: 033-711421.
Reichenbach (707 m), am Fuße des Niesen sowie am Eingang des Kientales gelegen, ist ein heimeliges Bergdorf mit schmuckvollen Häusern. Hotels, Pensionen, Ferienwohnungen. Verkehrsverein: CH-3713 Reichenbach; Tel.: 033-762376.
Weitere Tourenvorschläge:
o Kandersteg–Gemmipaß–Leukerbad (7 Std.).
o Kandersteg–Bunderchrinde–Adelboden (7 Std.).

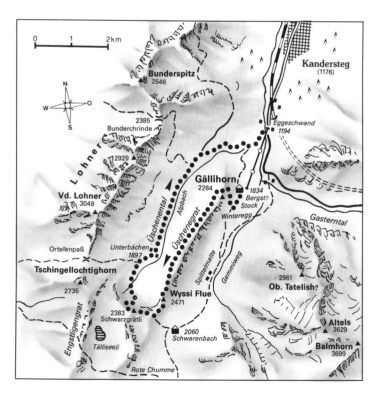

Auf dem Gipfel des Gällihorn; wir blicken zum Rinderhorn (Firnschneide) und Chli Rinderhorn (Felsgipfel).

Seite 118 Klein Doldenhorn und Groß Doldenhorn mit Fauler Gletscher und Sillerngletscher (vom Üschenegrat).

Im idyllischen Gasterntal

Kandersteg – Waldhus – Staldi – Selden – Heimritz – Hohweiden – auf gleicher Route zurück

Die Lötschbergbahn (mit Autoverladung in Kandersteg) stellt seit ihrer Eröffnung im Jahre 1913 die wichtigste Verbindung vom Berner Oberland ins Wallis dar. Zwei historische Pässe südlich von Kandersteg verloren damit ihre einstige Bedeutung: der Lötschenpaß (zwischen Hockenhorn und Balmhorn) und der Gemmipaß (zwischen Plattenhörnern und Daubenhorn).

Wie alte Funde beweisen, wurde der Gemmi (auch *die* Gemmi) schon in vorgeschichtlicher Zeit benutzt, urkundlich jedoch erst Anfang des 13. Jahrhunderts erwähnt. In den folgenden Jahrhunderten war dieser Paß zwischen Kandersteg und Leukerbad der am stärksten frequentierte Übergang vom Berner Oberland ins Wallis und zugleich ständiges Streitobjekt zwischen der Berner Obrigkeit und dem Bischof von Sitten. Der Lötschenpaß wurde im Winter, der Gemmipaß im Sommer bevorzugt, obgleich er auch dann ein von Lawinen bedrohter, gefährlicher Übergang war und zunächst nur dem reinen Trägerverkehr diente. In einem Bericht über den Aufstieg von Leukerbad aus dem 16. Jahrhundert heißt es unter anderem: »... mir zitterten Hertz und Bein...«. Das ist verständlich, wenn man in Leukerbad am Fuße der Wand steht, vor einem Felsabsturz von 900 Höhenmetern, und sich den ursprünglichen Steig vorstellt, der über Naturbänder hinaufführte. Eine 1677 aufgestellte Transportordnung regelte die Zahl der Träger für die »hochedlen Herrschaften«, die den »erschröcklichen Weg« benutzen wollten. Je nach Gewicht waren 4 bis 8 Träger pro Person vorgeschrieben. Sie wurden mit Tragsesseln und ab 1894 auf dem »Gemmikarren« hinaufgetragen, Waren auf Maultieren befördert. Im Jahre 1739 ließen zwei Walliser, der Gastwirt Matter aus Leukerbad sowie der Landvogt Ballet, den Anstieg zum Gemmi ausbauen. Dennoch erfüllte der Weg die Reisenden mit Angst und Schrecken. So lesen wir 1805 in »Ebels Reiseführer«: »... gelangt man an den fürchterlichen Weg, so setzt sich der Reisende mit dem Gesicht nach hinten gekehrt, läßt sich die Augen verbinden, und die Träger schreiten kräftigen Schrittes singend weiter...«. Zwar ist der sich von Leukerbad in vielen Kehren empor-

Seite 119 Elwertätsch, Sackhorn und Hockenhorn (rechts außen) begrenzen das Gasterntal im Südosten.

Das Gasterntal zählt zu den großartigsten Hochgebirgstälern der Alpen und ist am Nachmittag besonders reizvoll, wenn Licht und Schatten, wie hier in den Felsen des Hockenhorns, ständig wechseln.

windende Gemmiweg auch heute anstrengend, jedoch ungefährlich. Außerdem fährt eine Luftseilbahn auf die Paßhöhe.

Vor dem Bau des Gemmiweges war der 1352 erstmals erwähnte Lötschenpaß bedeutendster Übergang vom Kandertal ins Oberwallis, außerdem ältester Gletscherpaß des Berner Oberlandes. Noch heute kann man in den verwitterten Felsen östlich des Lötschengletschers Spuren eines gepflasterten Weges erkennen. Um 1700 stellte man auf der Berner Seite einen Saumpfad bis zur Paßhöhe her, jedoch weigerten sich die Walliser aus Furcht vor feindlichen Einfällen, den Weg auf ihrer Seite fortzusetzen. Der Lötschenpaß, dessen Nordanstieg kurz über den relativ harmlosen Gletscher führt, hat nur mehr bergsteigerische Bedeutung und wird aus dem Gasterntal über die Gfällalp erstiegen.

Das Gasterntal – die Einheimischen sagen »Gasteren« – zählt zu den großartigsten Hochgebirgstälern der Alpen und war früher ständig bewohnt. Ende des 18. Jahrhunderts zählte man etwa 50 Einwohner in 12 Haushaltungen. Heute dauert die Alpzeit von Juni bis Oktober. Während dieser Monate sind auch die fünf Berghäuser und Hotels des Tales bewirtschaftet, und es besteht regelmäßiger Kleinbusverkehr von Kandersteg (ab Bahnhof) bis Selden (Platzreservierung unerläßlich).

Die Gasternpredigt ist die bekannteste Alppredigt in der Schweiz. Jeweils am ersten Sonntag im August um 10.30 Uhr liest zu Selden im Gasterntal der Pfarrer von Kandersteg aus der großen, von einem Berner Patrizier im Jahre 1696 gestifteten, silberbeschlagenen Bibel. Es handelt sich dabei um die einzige, noch regelmäßig benutzte bernische Piscator-Staatsbibel.

Lang ist der Weg von Kandersteg durchs *Gasterntal* und über den *Kanderfirn* zur *Mutthornhütte*. Unsere Wanderung bis in den Talschluß hat beschaulichen Charakter, strengt kaum an und bietet sich außer für jeden Berg- und Naturfreund für Senioren sowie Familien mit Kindern an. Vor der *Talstation* der Luftseilbahn Kandersteg-Stock in Eggeschwand (1194 m) zweigt links der *Fußweg zur engen Chlus* ab. Der felsige Bergpfad zieht sich neben den wild tosenden *Kanderfällen* recht steil empor. Durch diese abenteuerliche Schlucht hat man sogar eine Fahrstraße gebaut, die wir auf der orografisch linken Seite der Kander in den Felsen erkennen. Sie darf nur mit Bewilligung und zu festgelegten Stundenzeiten in der jeweiligen Richtung befahren werden. Eine Erlaubnis ist bei der Stockbahn oder im Dorf beim Lebensmittelladen »Familia« erhältlich. Schon bald öffnet sich das Tal gegen Osten. Beim *Hotel Waldhus* (1358 m/½ Std.) zeigt ein Wegweiser nach Norden: dort windet sich ein interessanter Felssteig zum *Gurnigel* hinauf, an Wasserfällen und Schluchten vorbei quert er den Schwarzbach und stößt im Stierenbergli auf den Gemmiweg.

Mühelos wandern wir fast eben talein – links die steilen Felswände des *Inneren Fisistockes*, rechts (Süden) vom *Oberen Tatelishorn*. Vielarmig mäandert die Kander zwischen fahlem Erlengebüsch dahin. Bei der Steilstufe von *Staldi* verengt sich das Tal. Darüber breitet sich das weite Alpgebiet von *Selden* vor uns aus. Alte Stadln und saubere Wirtschaftsgebäude lassen nicht ahnen, wie

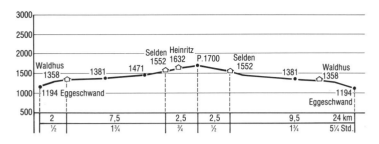

	3000							
2500								
2000			Selden Heinritz					
			1552 1632	P.1700	Selden		Waldhus	
1500	Waldhus	1381 1471			1552	1381	1358	
	1358						1194	
1000	1194 Eggeschwand						Eggeschwand	
500								

2	7,5	2,5	2,5	9,5	24 km
½	1¾	¾	½	1¾	5¼ Std.

schnell die Saison hier vorüber ist und die zu ihren Anwesen in Kandersteg heimkehrenden Bewohner ihr Gasterntal in stiller Abgeschiedenheit zurücklassen. *Hotel Steinbock* und *Hotel Gasterntal Selden* laden zur Einkehr ein (1552 m/+1¾ Std.). Unter dem geschichteten und verfalteten kalkigen Gestein des *Schwarzdolden* geht es am orografisch rechten Ufer des Bergbaches nach *Heimritz* (1632 m) mit Alpwirtschaft, einfachem Restaurant und Matratzenlager. Wir wollen noch nicht innehalten – es wandert sich leicht, und der wildromantische Talschluß lockt. Er wird von den auf ihrer Südseite felsigen Gipfeln der Blümlisalpgruppe überragt. Nach 0,5 Kilometer wird die *Kander* überschritten und jenseits des *Gletscherbaches* der Weg verfolgt, der in nordöstlicher Richtung zur ehemaligen *Stirnmoräne* des zurückgewichenen *Kanderfirns* ansteigt. Eine frische Brise streicht vom ewigen Eis herab. Etwa bei *Punkt 1700* (+¾ Std.) machen wir verdiente Rast. Beim Aufbruch entdecken wir eine schwach erkennbare *Markierung*, die uns entlang des orografisch linken Ufers der *Kander* zurück nach *Selden*

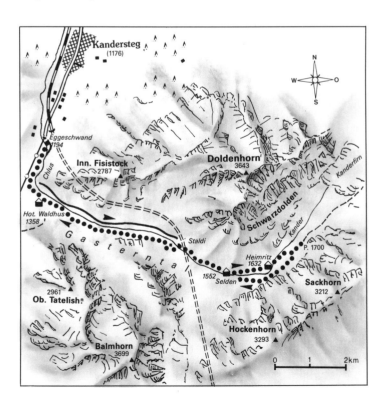

bringt (1552 m/+½ Std.). Ab hier auf gleicher Route wie am Morgen talaus. Am Nachmittag ist das *Gasterntal* besonders reizvoll. Dann geht der Blick über die schmucken Bauernhäuser hinweg auf den Üschenegrat im Westen. Die Gipfel von Elvertätsch, Sackhorn und Hockenhorn im Süden werden vom warmen Licht der späten Sonne umschmeichelt. Mächtig baut sich das Balmhorn mit seiner dunklen, felsigen Nordwand über dem sanften Talgrund auf. Steil ragt im Norden die Doldenhorngruppe gegen den Himmel. Das Doldenhorn, Hauptgipfel der Gruppe, ist einer der schönsten und wuchtigsten Berge der Berner Alpen.

Kurz bevor wir *Waldhus* wieder erreichen, entdecken wir in der Nordwand des Tatelishorns in knapp 2000 Metern Höhe weißrotweiße Markierungen. Als Schichtquelle tritt hier der Geltenbach zutage. Der markante Wasserfall ist nur im Sommer zu bewundern. Im Winter und zu wasserarmen Zeiten versiegt er. Im Herbst 1979 wurde von sechs Bergführern aus Kandersteg in extremer Kletterei der Einstieg zur Geltenbachhöhle eröffnet, mit fixen Seilen abgesichert und etwa 750 Meter tief ins Innere der Höhle eingedrungen. Vermessungen und Forschungen sind inzwischen weit vorangeschritten, werden aber noch fortgeführt. Auf einer Tafel bittet die »Arbeitsgemeinschaft Geltenbach« das Militär dringend, den markierten Höhleneingang nicht als Ziel ihrer Übungen zu benutzen, da eine Beschädigung der Fixseile für die Höhlenforscher lebensgefährlich wäre.

Aus der Stille des Gasterntales kehren wir zurück zu den wild ins Tal hinabstürzenden Wassern der Kander und nach *Eggeschwand*, dem Ausgangspunkt der Tour (1194 m/+1¾ Std.).

Touristische Angaben

Leichte Wanderung in eines der großartigsten Hochtäler der Alpen.

Beste Jahreszeit: Mai bis Oktober.

Höhendifferenz: 500 Meter Anstieg, 500 Meter Abstieg.

Reine Gehzeit: ab Kandersteg/Eggeschwand 5¼ Stunden (ab Bahnhof Kandersteg und zurück +1 Std.). Kleinbusverkehr zwischen Kandersteg-Bahnhof und Selden ermöglicht Abkürzung der Gehzeit. Für Fahrt mit dem eigenen PKW ist Bewilligung einzuholen.

Karte: Landeskarte der Schweiz 1:50 000, Wildstrubel, Blatt 263; Jungfrau, Blatt 264; Berner Oberland, Zusammensetzung 5004.

Unterkunft: *Hotel Waldhus* (1358 m), *Hotel Selden* und *Hotel Steinbock* in Selden (1552 m), *Berghaus Heimritz* (1632 m), *Berghaus Gfällalp* (1847 m, ca. 1 Std. ab Selden).

Talorte: *Frutigen*, siehe Tour 22; *Kandersteg*, siehe Tour 24.

Weitere Tourenvorschläge:

o Kandersteg–Fisi Schafberg–Jegertosse und zurück (5½ Std.).

o Oeschinensee–Fründenhütte und zurück (5 Std.).

Die zerklüfteten Grate und steilen Flanken der Doldenhorngruppe türmen sich im Norden über dem Gasterntal auf.

Wildstrubel-überschreitung

Kandersteg – Stock – Daubensee – Lämmerenhütte – Wildstrubelgletscher – Wildstrubel Westgipfel –
Wildstrubel Mittelgipfel – Großstrubel – Lämmerenhütte – Gemmi – Stock – Kandersteg

Im östlichen Teil der Berner Alpen recken sich allein acht der insgesamt 42 Schweizer Viertausender kühn gegen den Himmel und
prägen das Landschaftsbild in einmaliger Weise. Westlich von
Blümlisalp und Balmhorn gibt es Superlative dieser Art nicht
mehr, obgleich sich der Alpenhauptkamm in Wildstrubel und
Wildhorn noch einmal deutlich aufbäumt. Keine markanten Punk-
te locken hier, jedoch weite vergletscherte Hochflächen (um
3000 m), die steil nach Norden und Süden abfallen, einer undurch-
dringlichen Mauer gleich. Die Gruppe wartet mit einer Fülle ab-
wechslungsreicher Unternehmungsmöglichkeiten auf, zumal die
Gipfel mit einiger Grundkenntnis im Eisgehen relativ unschwierig
zu ersteigen sind und herrliche Aussichten auf die gesamten Walliser Alpen sowie das Montblancmassiv bieten. Drei Pässe (Sanetsch, Rawil und Gemmi) stellen problemlose Übergänge ins
Wallis dar und erschließen so von Norden her das Wandergebiet
am Sonnenhang über dem Rhonetal. Die Längsüberschreitung von
Kandersteg bis Gstaad mit Besteigung von Wildstrubel und Wildhorn darf zu den glanzvollsten Hüttentouren der Alpen gezählt
werden. Jedoch setzt diese hochalpine Bergtour ausreichende
bergsteigerische Erfahrung voraus (u. a. Gletscherkenntnis) und
erfordert, je nach Wetter und Anzahl der Gipfel, fünf bis acht Tage
Zeit. Beglückende Stunden am Berg beschert allerdings auch
schon eine Zweitagestour, die mitten ins Herz des eigentlichen
Wildstrubelmassivs führt, diesen auf der Nordseite kühn aufstre-
benden, formschönen, etwa 4 Kilometer langen Gebirgsstock.

Von *Kandersteg/Eggeschwand* (1194 m) geht es mit der Stockbahn
auf 1834 Meter Höhe. Leicht wandert es sich durch das fast ebene
Hochtal zur *Alp Spittelmatte*. Bald darauf überschreiten wir die
Kantonsgrenze Bern – Wallis, die weit nach Norden übergreift. Ein
Weglein zweigt nach rechts ab zum idyllischen *Arvenseeli*. Kurz
hinter dem Berghotel *Schwarenbach* (ursprünglich Zollhaus, 1742
zum Unterkunftshaus umgebaut, heute Berghotel) gabelt sich der
Weg bei einem großen *Felsblock*. Wir wählen den rechten Abzweig,
der zwar unebener, aber weniger begangen ist. Dann liegt auch
schon der *Daubensee* inmitten einer typischen Rundhöckerland-
schaft vor uns (2229 m/2 Std.). Ein schmales Steiglein zieht über
dem Westufer südwärts zur *Lämmerendalu*. Beeindruckend ist die

Blick vom Wildstrubel auf die Wildhorngruppe im Südwesten.

von Chli Rinderhorn, Rinderhorn und Plattenhörnern überragte
Landschaft. Wer noch nicht auf dem Gemmipaß war und vorhat,
vom Wildstrubel nach Lenk abzusteigen, sollte jetzt einen Abstecher zum *Gemmi* machen (½ Std. hin und zurück). Großartig ist der
Blick von der Paßhöhe in den Talgrund von Leukerbad sowie hinüber zur Kette der Walliser Alpen.

Nach 30 Minuten (ab Nordufer am Daubensee) wenden wir uns
scharf nach Westen und gelangen über den flachen *Lämmerenboden,* eine eigenwillig anmutende Schwemmlandschaft, sowie die
Lämmerenalp zum kleinen *Lämmerensee*. Ein Seitenarm des *Lämm-
erenbaches* wird über einen Holzsteg überschritten. Ein Pfad führt
dann in etlichen Kehren einen Hang, zum Schluß entlang einer
Schlucht, empor zu der auf aussichtsreicher Kanzel stehenden
Lämmerenhütte (2507 m/+2½ Std.). Auch ohne Gipfelbesteigung
(mangels Gletschererfahrung) ist die Hüttentour für sich eine lohnende Wanderung – erst recht, wenn eine Nächtigung auf der gemütlichen SAC-Hütte eingeplant wird. Als zusätzliche Einlage
könnte man den Rückweg mit einem Abstieg vom *Stierenbergli*
(kurz vor Bergstation Stock) durch die mächtigen Nordabstürze
des Tatelishorns ins *Gasterntal* würzen. Wir stromern bis zur Däm-
merung im Hüttengelände umher – ständig wechseln die Stim-
mungen, faszinieren von Minute zu Minute mehr.

Aufbruch um 6 Uhr morgens ist für die Wildstrubelüberschrei-
tung eine gute Zeit. Das kleine Seeauge bei der Hütte bleibt rechts
liegen. Durch Schutt und Geröll wandern wir unter den steilen
Felsen des *Lämmerenhorns* um seinen Südfuß herum und betreten
an geeigneter Stelle die Mittelmoräne des *Wildstrubelgletschers* (Vorsicht bei geröllbedecktem Toteis!). Nun über die Moräne hoch, sie
bald nach links verlassend (anseilen) und in weitausholendem Bogen nach Nordwesten gegen den von Punkt 3171 herabziehenden
Felssporn. Aus dem oberen Gletscherbruch steigt Eiseskälte herauf
(Vorsicht Spalten!). Längst hat die Macht der Sonne die Firnland-
schaft zum Leben erweckt und in ein Meer glitzernder Eiskristalle
verwandelt. Noch befinden wir uns auf der *Lämmerenjoch-Route,*
brauchen das Joch (Übergang auf den Glacier de la Plaine Morte
und zur Wildstrubelhütte) allerdings nicht zu betreten. Durch eine
Gletschermulde steigen wir direkt auf den *Westgipfel,* auch Lenker-
strubel genannt (3243 m/+3 Std.). Zu unseren Füßen breitet sich
der Glacier de la Plaine Morte aus – darunter das sonnige Rhonetal, am Horizont die Kette der Walliser Firngipfel. Zum Greifen
nahe scheint im Südwesten das Wildhorn, ganz in der Ferne leuchtet silbrig der Montblanc. Uns lockt das nächste Etappenziel: ein
kurzer Abstieg in nördlicher Richtung über griffigen Firn in einen
Sattel (Punkt 3162: von hier senkt sich nach Norden eine breite,
steile Eisrinne auf den Ammertengletscher ab), weiter leicht nach
Nordosten über den Firngrat zum *Mittelgipfel* (3243 m/+¾ Std.) mit
prächtigen Tiefblicken in die Täler der Simme und Engstligen.

Wer genug hat, kann nun zum Fuße des *Felssporns,* der sich von
Punkt 3171 herabsenkt, und weiter zur Mittelmoräne zurückkehren. Uns reizt noch der *Großstrubel,* der sich von hier aus mit besonders schöner Kulisse präsentiert. Der Weg ist vorgegeben, da

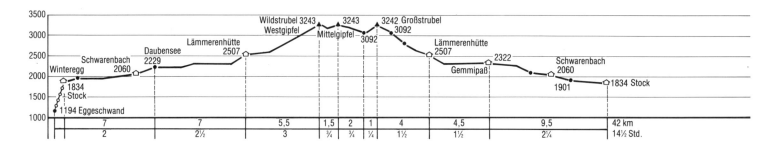

				Wildstrubel 3243 Westgipfel		3243 Mittelgipfel	3242 Großstrubel		Lämmerenhütte 2507		Schwarenbach 2060		

Profile elevations: 3500, 3000, 2500, 2000, 1500, 1000

Winteregg 1834 Stock — Schwarenbach 2060 — Daubensee 2229 — Lämmerenhütte 2507 — Wildstrubel 3243 Westgipfel — Mittelgipfel 3243 — 3092 — Großstrubel 3242 3092 — Lämmerenhütte 2507 — Gemmipaß 2322 — Schwarenbach 2060 1901 — 1834 Stock

1194 Eggeschwand

7	7	5,5	1,5	2	1	4	4,5	9,5	42 km
2	2½	3	¾	¾	¼	1½	1½	2¼	14½ Std.

meistens eine Spur vorhanden ist. Zwar wird die Überschreitung gerne gemacht, aber selten sind die Wildstrubelgipfel überlaufen. Über den fast ebenen Firnkamm, der an einigen Stellen mit Schutt und Geröll bedeckt sein kann, geht es nach Ostnordost zum Punkt 3200 und von diesem über Firn zum *Strubeljoch* (3092 m/auf Schweizer Landeskarte nicht benannt/+¾ Std.). Wenig schwierig leitet der überfirnte Grat in östlicher Richtung auf den *Großstrubel*, auch Adelbodnerstrubel genannt (3242 m/+¼ Std.). Fantastisch ist der Blick über das Kandertal hinweg zur Kette der östlichen *Berner Alpen* mit Blümlisalp, Doldenhorn und Balmhorn im Vordergrund.

Dann kehren wir zum *Strubeljoch* zurück und von hier durch eine Firnrinne südlich hinab in eine Firnbucht. Weiter nach Südsüdost über den *Wildstrubelgletscher* hinab und nahe seines unteren Bruches auf die *Seitenmoräne*, bis wir das Steiglein am Südwestfuß des *Lämmerenhorns* wieder erreichen, das uns zur Hütte zurückbringt (2507 m/+1½ Std.). Je nach Zeitplanung nächtigen wir nochmals auf der *Lämmerenhütte* oder kehren nach kurzer Rast und Stärkung auf etwas veränderter Route als beim Aufstieg am Vortage mit einem Abstecher zum *Gemmipaß* (2322 m/+1½ Std.) zur Bergstation *Stock* (1834 m/+2¼ Std.) und mit der Gondel ins Tal zurück.

Touristische Angaben

Zwei- bis dreitägige Bergwander-/Hochgebirgstour mit Gipfelbesteigung (z. T. mäßig schwierig). Berg- und Gletschererfahrung erforderlich. Ungeübte nur mit Führer. Seil, Pickel, Steigeisen.
Beste Jahreszeit: Juli bis September.
Höhendifferenz: bei Seilbahnbenutzung von Eggeschwand bis Stock (und zurück) 1600 Meter Anstieg, 1600 Meter Abstieg.
Reine Gehzeit: bei Seilbahnbenutzung (wie vor) 14½ Stunden.
Karte: Landeskarte der Schweiz 1:50000, Wildstrubel, Blatt 263; Gstaad–Adelboden, Zusammensetzung 5009.
Einkehrmöglichkeit: *Restaurant Sunnbüel* und *Restaurant Stock*.
Unterkunft: *Berghotel Schwarenbach* (2060 m); Betten und Matratzenlager; geöffnet von März bis Oktober. Tel.: 033-751272. Dem Hotel ist eine Bergsteigerschule angeschlossen. *Sporthotel Wildstrubel* auf dem Gemmipaß (2322 m), ganzjährig geöffnet; 60 Hotelbetten, 150 Massenlager. Tel.: 027-611201. *Lämmerenhütte* (2507 m), SAC-Sektion Angenstein. 78 Plätze. Hüttenwart März bis Mai und Juli bis Bettag (ca. 20. September: Eidgen. Kirchensonntag).
Talort: *Kandersteg* (1176 m), an der Nordrampe des Lötschbergtunnels gelegenes Bergdorf. Hotels, Pensionen, Ferienwohnungen. Campingplatz. Verkehrsverein: CH-3718 Kandersteg; Tel.: 033-751234. Weitere Informationen über Kandersteg, siehe Tour 22.

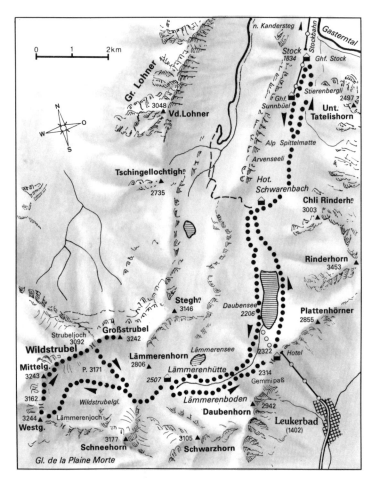

Auf dem Lämmerenboden mit Blick gegen Rinderhorn, Plattenhörner und Gemmipaß mit Hotel.

Seite 128 Auf dem Mittelgipfel des Wildstrubel. Über den vorgelagerten, fast ebenen Firnkamm führt die Spur zum Großstrubel (rechts der Bildkante). Im Hintergrund die Kette der östlichen Berner Alpen.

Über den Hahnenmoospaß vom Engstligental ins Obersimmental

Tour 25

Adelboden – Hahnenmoospaß – Regenboldshorn – Metschstand – Bergstation Metschbahn –
Simmenfälle – Lenk – Adelboden

Frutigen, Hauptort und Zentrum des Frutiglandes, liegt in dem hier weiten Tal der Kander an der Mündung der Engstlige. Der schon im 14. Jahrhundert vielbesuchte Marktort wurde im Sommer 1827 ein Opfer der Flammen. Durch den Wiederaufbau erhielt Frutigen ein modernes, fast städtisches Aussehen, jedoch sind oberhalb der Kirche noch schöne alte Holzhäuser zu finden.

Die von zahlreichen Seitenbächen gespeiste Engstlige kommt von Adelboden herab, dem heute stark frequentierten Sommer- und Winterkurort. Einst floß die Engstlige, deren Name aus dem Keltischen kommt und »die schnell Fließende, weit Ausschreitende« bedeutet, durch ein stark bewaldetes, völlig abgeschiedenes Tal, dessen Bewohner bis zu Beginn des 16. Jahrhunderts »die Waldleute« genannt wurden. Die für ihre Kirche von Frutigen gestiftete Glocke hieß »die Waldglocke«. Schluchten, Tobel und herabstürzende Wasser auf der orografisch linken Talseite erschwerten den Zugang ins Tal. Ein Weg war nur auf der rechten Seite hoch über dem Talgrund möglich. So erfolgte die Besiedlung von Norden aus dem Kandertal. Mit Axt und Feuer wurden großflächige Almen in den dichten Waldgürtel gerodet. Erst nach vielen Jahrzehnten erkannten die Waldleute die Folgen der starken Rodungen, nämlich Gefährdung ihrer Almböden durch Lawinen. Daraufhin ließen sie die Wälder durch Bannbriefe schützen.

Der Weg nach Frutigen und zurück bedeutete für die Bewohner eine Tagesreise – er war beschwerlich und gefährlich. Kinder starben auf dem Wege zur Taufe, und der Geistliche aus Frutigen kam oft zu spät, um Sterbenden die letzten heiligen Sakramente zu geben. Aus tiefer Religiosität wünschten sich die Waldleute einen eigenen Pfarrer. Dem widersetzten sich Frutigen und das Kloster Interlaken, da es eine Schmälerung ihrer Einnahmen bedeutete. Auch ein Bittgesuch an das Konzil von Basel sowie den Papst war

vergeblich. Da bauten sich die Adelbodner Bauern ihre eigene Kirche, und 56 Hausväter verpflichteten sich in dem »Gelübdbrief von 1433«, ihrem Seelsorger ein ausreichendes Einkommen zu sichern. 1439 erklärte der Rat von Bern Adelboden zur Filiale der Mutterkirche. Nachdem Frutigen das Gesuch, geringfügige Streitfälle selbst zu schlichten, mit Erfolg unterbunden hatte, lösten die Talbewohner den an Frutigen zu zahlenden Tribut ab, wodurch im Jahre 1469 jede Familie mit rund 1000 Franken belastet wurde. Es läßt sich erkennen, daß die Alm- und Viehwirtschaft den Adelbodnern schon früh einen gewissen Wohlstand brachte. Ihr Vieh fand immer im Herbst seine Käufer in Brig, Lugano und auf den lombardischen Märkten.

Durch den Bau der Straße von Frutigen nach Adelboden (1878–1884) endete die große Abgeschiedenheit des Tales. Besucher kamen, Pensionen und Hotels schossen aus dem Boden – der Tourismus begann zu florieren.

Der Hochalpinist findet aus dem Tal der Engstligen vor allem in der Wildstrubel- und Lohnergruppe, die Adelboden eindrucksvoll überragen, lohnende Ziele – und dem Bergwanderer erschließt sich eine Palette unterschiedlichster Tourenmöglichkeiten. Abwechslungsreich ist der Höhenweg von Frutigen nach Adelboden (oder umgekehrt) am orografisch linken Talhang. Herrlich läßt es sich im Bereich der Engstligenalp wandern – sie zählt zu den größten und bedeutendsten Alpen des Berner Oberlandes. Unschwierige Gipfelbesteigungen bieten Elsighorn, First, Bunderspitz, Regenboldshorn und Albristhorn. Verlockend sind die Paßübergänge in Nachbartäler, zum Beispiel über Golitschenpaß, Bunderchrinde oder Schwarzgrätli ins Kandertal oder über Grimmi Furggi, Furggeli, Ammertenpaß oder Hahnenmoospaß ins Obersimmental. Auf dem Hahnenmoospaß hielten früher die Sennen von Adelboden und Lenk ihre Schwingfeste ab.

Die Paßhöhe ist in 3 Stunden ab *Adelboden* erreichbar. Wenn auch die schroffen Felswände des Fitzers beim Anstieg durch das blumenreiche *Gilbach* faszinieren, wollen wir doch etwas schneller an Höhe gewinnen und fahren bis *Geilsbüel* (1707 m) mit dem Bus. Weiter geht es zu Fuß (oder per Sessellift) über sanfte Bergmatten zum *Hahnenmoospaß* (1956 m/³⁄₄ Std.). Prächtig ist die Aussicht vom Paß auf Elsighorn, Bunderspitz und Lohnergruppe im Osten, vorgelagert Fitzer, Rotstock und Ammertenspitz (Punkt 2613 des Ammertengrates, der sich in südöstlicher Richtung gegen den Wildstrubel hin wendet, daher auch »Strubelgrat«).

Südlich des Hahnenmoospasses erweckt eine alleinstehende Pyramide unsere Aufmerksamkeit. Es ist das *Regenboldshorn*, das sich keck vor den Wildstrubel gestellt hat. Über Alpgelände geht es leicht zum Pommeren- oder *Bummerepaß* (Punkt 2056, auf Landeskarte nicht benannt), dann auf Pfadspuren steil zum Gipfel, der trotz seiner geringen Höhe eine überraschende Aussicht bis hin zum *Wildhorn* bietet (2192 m/+³⁄₄ Std.). Nun können Sie zum *Hahnenmoospaß* zurückkehren und in nördlicher Richtung über den *Laveygrat* sowie *Tierberg* und *Seewlehore* auf das *Albristhorn* steigen und dabei eine weitere Steigerung der Rundsicht erleben (Auf-

Seite 129 Vom Höhenweg unter dem Metschhorn hat man ständig den imposanten Anblick des Ammertenhorns vor Augen.

In wilden Kaskaden stürzen die Simmenfälle zur fruchtbaren Talebene von Oberried (Bäuert von Lenk) hinab.

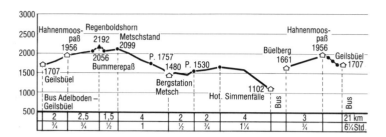

2	2,5	1,5	4	2	2	4		3	21 km
¾	¾	½	1	½	¾	1¼		¾	6¼ Std.

und Abstieg etwa 4½ Std.). Allerdings erfordert der Gipfel Bergerfahrung und Schwindelfreiheit, während der *Tierberg*, erste Erhebung nach dem Hahnenmoospaß im Südgrat des Albristhorns, unschwierig zu erreichen und gleichfalls ein lohnendes Ziel ist (ca. 2½ Std. hin und zurück).

Besonders reizvoll und abwechslungsreich ist jedoch folgender Weiterweg, den Sie nach eigener Planung noch mehrfach variieren können. Vom Gipfel des Regenboldshorns zurück in den *Sattel bei Punkt 2056* und kurz empor zum *Metschstand* (2099 m/+½ Std.). Weiter auf zunächst breitem Weg über die sanften Alphänge des *Metschberges* bis zu einer *Alphütte* bei *Punkt 1757*. Nun auf schmalem Steiglein über blumige Hänge hinab zur Bergstation der *Metsch-Seilbahn* (1480 m/+1 Std.). Jetzt besteht die Möglichkeit, auf direktem Wege über *Büelberg* zum *Hahnenmoospaß* zurückzukehren (1¾ Std.) und weiter nach *Adelboden* hinabzuwandern (2 Std., oder Sessellift und Bus). Wenn Sie jedoch gut in der Zeit sind und noch etwas länger unterwegs sein wollen, setzen Sie Ihre Wanderung ab

Metsch-Bergstation wie folgt fort. In südöstlicher Richtung zieht sich ein wildromantischer *Höhenweg* um das *Metschhorn* herum. Imposant reckt sich das Ammertenhorn gegen den Himmel. Die *Alphütten »In den Lauenen«* (1530 m/+½ Std.) stehen in lieblichem Kontrast dazu in sanftem Vordergrund.

Die sonnigen Hänge sind von einer bunten Blumenpracht übersät. Ein idyllischer Pfad führt über duftende Bergwiesen und durch schattige Wäldchen, schlängelt sich zwischen mächtigen Felsblöcken hindurch und an alten Holzhütten vorbei. Wir müssen das Bachbett vom Bummerebach queren – es ist von Schutt und Steinen erfüllt. Dann beginnt der bisher fast horizontal verlaufende Weg etwas zu steigen. Vom Wegweiser *Nessli* (1620 m/+¾ Std.) können Sie in gut 2 Stunden nach Norden zum Hahnenmoospaß zurückkehren. Wir jedoch wandern weiter nach *Ammerten* und *Staldenweid*. Über die *Barbarabrücke* gelangen wir zu den eindrucksvollen *Simmenfällen*, die in wilden Kaskaden in die Talebene von *Lenk* hinabstürzen. Vom *Hotel Simmenfälle* (Bushaltestelle/1102 m/ +1¼ Std.) geht es per Bus über *Lenk/Station* (umsteigen) nach *Büelberg* und von dort in leichtem Aufstieg wieder auf den *Hahnenmoospaß* (1956 m/+¾ Std.). Wenn wir rechtzeitig genug da sind, ersparen wir uns den zweistündigen Abstieg und kehren per Sessellift und Bus nach Adelboden zurück. Natürlich ist die Rückkehr von Lenk/Station auch mit der Eisenbahn über Zweisimmen und Spiez nach Frutigen möglich, weiter per Bus nach Adelboden.

Touristische Angaben

Abwechslungsreiche Rundwanderung mit verschiedenen Variationsmöglichkeiten und aussichtsreicher Gipfelbesteigung.
Beste Jahreszeit: Juni bis Oktober.
Höhendifferenz: 1100 Meter Anstieg, 1300 Meter Abstieg.
Reine Gehzeit: 6¼ Stunden (bei Benutzung der vorgeschlagenen Transportmittel wie Bus, Seilbahn und Sessellift).
Karte: Landeskarte der Schweiz 1:50000, Wildstrubel, Blatt 263; Gstaad–Adelboden, Zusammensetzung 5009.
Unterkunft: *Berghotel* auf dem *Hahnenmoospaß* (1956 m), *Berghaus Metsch* (1480 m), *Hotel Simmenfälle* (1102 m), *Restaurant Büelberg* (1661 m).
Talorte: *Adelboden* (1348 m), Sommer- und Winterkurort im Engstligental, auf mehrstufiger Sonnenterrasse gelegen. Hotels und Pensionen. Touristenlager. Verkehrsbüro: CH-3715 Adelboden, Tel.: 033-732252. *Lenk*, siehe Tour 26.
Weitere Tourenvorschläge:
o Adelboden/Engstligenalp (Gondel)–Engstligengrat–Rote Chumme–Daubensee–Stock/Kandersteg (Gondel) (5½ Std.).
o Adelboden–Furggeli–Färmeltal–Matten (6 Std.).

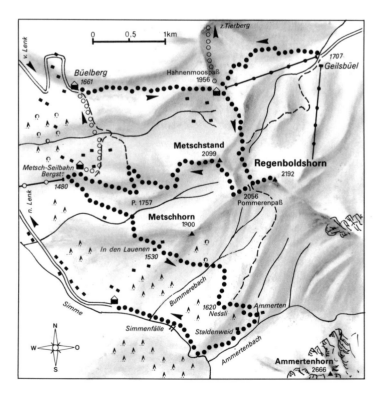

Die Bergsteiger blicken vom Gipfel des Regenboldshorns auf Bütschifluh und Schaftäli (links bis Bildmitte). Der Grat darüber zieht vom Rotstock zum Ammertengrat.

Bi de sibe Brünne – Flueseeli – Langermatte

Tour 26

Lenk/Station – Hotel Simmenfälle – Rezliberg –
Bi de sibe Brünne – Flueseehöri – Flueseeli –
Rezliberg – Langermatte – Iffigenalp – Lenk/Station

Zweisimmen verdankt seinen Namen dem Zusammenfluß der zwei Simmen: die Große entspringt wie die Engstlige am Fuße des Wildstrubels, die Kleine kommt von Saanenmöser herab. Die Simme, gleichbedeutend mit »die Mächtige«, durchfließt Ober- und Niedersimmental, bis sie bei Frutigen in die Kander mündet. Die ursprüngliche Bezeichnung des Simmentales war »Siebental«. Das Quellgebiet der großen Simme, »Bi de sibe Brünne« im Bereich Rezliberg, gab dem Tal diesen Namen. Hier sprudeln Quellen aus sieben Öffnungen des Flueseehöri hervor.

Ende des 18. Jahrhunderts wird von Lenk als »kleines Bädlein« gesprochen. Im Jahre 1878 zerstört eine Feuersbrunst den größten Teil des Dorfes. Doch bereits um die Jahrhundertwende ist Lenk wieder aufgebaut und entwickelt sich in den folgenden Jahrzehnten zu einem ansehnlichen Sommer- und Winterkurort. Diesen Aufschwung verdankt Lenk nicht zuletzt den Schwefelwasserquellen, die zu den stärksten Europas zählen und seit fast 300 Jahren medizinisch genutzt werden. Das Höhenklima und die prachtvolle Lage des Ferienortes unterstützen die Therapie.

Straße und Schiene verbinden die Orte des Obersimmentales zwischen Zweisimmen und Lenk. Liebenswert ist der kleine Ort Matten an der Mündung des stillen Fermeltales, besuchenswert auch St. Stephan mit seiner 1228 erstmals erwähnten Kirche, die ein Kleinod besonderer Art darstellt. Der markante Turm wurde in der jetzigen Form um 1400 erstellt. Die spätgotischen Malereien an der Chordecke stammen aus dem frühen 16. Jahrhundert, die sehenswerte und außergewöhnlich klangvolle Orgel aus dem Jahre 1778. St. Stephan ist ein Ort mit stark bergbäuerlichem Charakter – hier wird der »sanfte Tourismus« noch ernstgenommen. Sowohl Lenk als auch St. Stephan setzen sich aus mehreren (5 bzw. 6) »Bäuerten« zusammen. Das sind Fraktionen der Gemeinden, die als Genossenschaften vor allem Wald und Weiden besitzen. Sie bestimmen die politische Struktur sowie das politische Geschehen mit, da jede Bäuert mindestens einen Sitz im Gemeinderat hat.

Unter den Nordhängen des Wildstrubels liegt ein verträumter kleiner Bergsee, in dessen grünem Wasser sich Felswände und

---

Als mächtiges Felsbollwerk steht das Ammertenhorn über der herben Hochgebirgswelt des Flueseeli.

Schuttkare spiegeln. Es ist das *Flueseeli*. Wir entdeckten es eines Tages auf einer Postkarte. Seither zählt diese Wanderung zu einer unserer liebsten Touren. Ab *Hotel Simmenfälle* (bis hier mit eigenem Auto oder ab Lenk/Station per Bus) wählen wir den Felssteig neben den laut tosenden und brodelnden Simmenfällen und gewinnen rasch an Höhe. Beim Überschreiten der Barbarabrücke gibt es eine kurze Dusche – dann wird es still und friedlich um uns her. Von der Bergwirtschaft *Rezliberg* (1405 m/1 Std.) machen wir einen kurzen Abstecher zum Quellgebiet der Simme, *Bi de sibe Brünne*, einem beliebten Rastplatz für jung und alt. Fantastisch ist der Anblick dieses Naturschauspiels – vielarmig quillt das Wasser aus den Felsen. Sonnenstrahlen brechen sich in dem schäumenden weißen Gold...

Beim *Berghaus Rezliberg* zeigt ein Wegweiser die Richtung zum *Flueseeli* an. In sanfter Steigung geht es in vielen Kehren gegen einen undurchdringlich scheinenden Felsriegel empor. Vergeblich sucht das Auge die Wand nach einem Durchschlupf ab – und doch haben die Wegebauer einen Durchstieg ermöglicht, der allerdings Trittsicherheit und Schwindelfreiheit erfordert (Vorsicht beim Abstieg, besonders bei Nässe). Zeitweilig ist der Anstieg in der zweiten (oberen) Hälfte steil und etwas ausgesetzt, aber stets finden sich gute Tritte und Griffe, an einer Stelle sogar Kettensicherung. Mit Hilfe einer gesunden Portion Selbstvertrauen ist die hohe Steilstufe bald überwunden – auf der Terrasse vor uns liegt in einer kleinen Senke das *Flueseeli* (2045 m/+1¾ Std.), umgeben vom herben Zauber der Hochgebirgswelt. Bevor wir uns der ersehnten Rast hingeben, steigen wir noch knapp 100 Höhenmeter auf das *Flueseehöri* hinauf (2133 m) und genießen den wunderbaren Tiefblick auf den weiten Talboden von Lenk – darüber im Norden Spillgertengruppe und Albristhorn. Im Süden wird der Blick gefesselt von Wildstrubel, Gletscherhorn, Weißhorn und Laufbodenhorn. Am Ufer des Flueseelis (2045 m/+½ Std.) machen wir Brotzeit und träumen lange in der wärmenden Sonne.

Auf der Anstiegsroute geht es zurück zur *Rezlialp* (1405 m/+1 Std.). Nun in 40 Minuten auf dem morgendlichen Weg zum *Hotel Simmenfälle*, dem Ausgangspunkt der Wanderung, oder in 2 Stunden über die *Langermatte* zur *Iffigenalp* wandern. Beim *Berghaus Rezliberg* entdecken wir den Wegweiser, queren eine Wiese, wechseln auf die orografisch linke Seite des *Trüebbaches* und durchwandern eine breite Schwemmebene, bis sich ein schmaler Pfad in den schattigen Wald hinaufzieht. Vom *Alpstafel Langer* sind wir bis zur flachen Einsattlung der *Langermatte* voll der Sonne ausgesetzt (1856 m/+1¼ Std.). Vor der Alphütte stehen einfache Sitzbänke und ein langer Tisch. Gerne verkauft die Sennerin frische Milch und Käse – natürlich alles aus eigener Produktion.

Neben dem Fremdenverkehr nimmt die Viehhaltung im Simmental noch heute einen bedeutenden Platz ein. Dabei fällt uns die Sage von »D'Wyberschlacht uf der Langermatte« ein. Seit der 1528 von Bern erzwungenen Reformation geriet Lenk in den Glaubenskrieg. Die bisher in freundschaftlichem Verhältnis lebenden Obersimmentaler und Walliser waren plötzlich Feinde. Und als Bern die

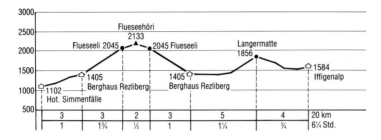

3000			Flueseehöri 2133					
2500								
2000		Flueseeli 2045	▲	2045 Flueseeli		Langermatte 1856		
1500								1584 Iffigenalp
1000	1102	1405 Berghaus Rezliberg		1405 Berghaus Rezliberg				
	Hot. Simmenfälle							
500								
	3	3	2	3	5		4	20 km
	1	1¾	½	1	1¼		¾	6¼ Std.

»wehrhafte Mannschaft« von Lenk zur Unterstützung herbeirief, nutzten die Walliser die Situation aus. Sie kamen über den Rawilpaß (südlich der Iffigenalp) und raubten den Lenkern eine große Viehherde von der Langermatte. Jenseits des Passes ließen sie das Vieh ruhig weiden und sprachen aus Freude über ihre erfolgreiche Tat dem Wein kräftig zu. Mit Hilfe der Lenkerbuben brachte ein Gemsjäger derweil durch eine List das Vieh zurück. Wieder ernüchtert, brachen die ergrimmten und kriegerisch gestimmten Walliser erneut auf nach Lenk. Jedoch hatten sich inzwischen die Lenker Frauen unter Führung von Greda Allemann mit Sensen und Forken bewaffnet und schlugen die Feinde aus dem Wallis in »D'Wyberschlacht uf der Langermatte« in die Flucht. Im Lenkerwappen sind im oberen Teil die sieben Quellen der Simme auf grünem Grund dargestellt. Im unteren Feld erinnert ein Schwert, gekreuzt mit einer Kunkel (Spindel), an jene »Wyberschlacht uf der Langermatte«.

Von der *Langermatte* ist es nur noch ein sanftes, aussichtsreiches

Hinabwandern zur Iffigenalp. Nach Erreichen der Fahrstraße geht es noch 10 Minuten talein bis zur Bushaltestelle beim *Hotel Iffigenalp* (1584 m/+¾ Std.). Zwischen *Pöschenried/Färiche* (hinter der *Wirtschaft Alpenrösli*) und *Hotel Iffigenalp* besteht halbstündiger Einbahnverkehr (im Wechsel); auch für Privatfahrzeuge gestattet.

Touristische Angaben

Lohnender Aufstieg zu wildromantischem Bergsee (im oberen Teil Trittsicherheit und Schwindelfreiheit erforderlich) und sanfte Almwanderung über die sagenumwobene Langermatte.
Beste Jahreszeit: Juni/Juli bis Oktober.
Höhendifferenz: 1500 Meter Anstieg, 1000 Meter Abstieg.
Reine Gehzeit: 6¼ Stunden.
Karte: Landeskarte der Schweiz 1:50000, Wildstrubel, Blatt 263; Gstaad–Adelboden, Zusammensetzung 5009.
Unterkunft: *Hotel Simmenfälle* (1102 m), *Berghaus Rezliberg* (1405 m), *Hotel Iffigenalp* (1584 m).
Talorte: *Lenk* (1068 m), Sommer- und Winterkurort. Großzügig ausgestattetes, modernes Kurzentrum mit den stärksten alpinen Schwefelquellen. Öffentliches Hallen- und Freibad mit Sauna. Pony-Ranch für Kinder. Hotels, Pensionen, Ferienwohnungen, Gruppenunterkünfte. Tennisschule. Ärzte empfehlen den Kurort Lenk seiner leichten Reizfaktoren wegen (Reizstufe 1). Verkehrsbüro: CH-3775 Lenk, Tel.: 030-31595.
St. Stephan (969 m), Berggemeinde zwischen zwei Kurorten im Obersimmental. Im Bäuert Ried sehenswerte Kirche. Im Osten das Naturschutzgebiet Spillgerten. Hotels, Ferienwohnungen, Touristenlager. Verkehrsverein: CH-3772 St. Stephan, Tel.: 030-21951.
Zweisimmen (941 m), wichtiger Verkehrsknotenpunkt vom Untersimmental ins Obersimmental und Saanenland. Hotels, Ferienwohnungen, Gruppenunterkünfte, Jugendherberge. In der Kirche (15. Jh.) Decke mit Flachschnitzereien sowie Wandmalereien aus der Zeit um 1500. Ein Stück Dorf- und Regionsgeschichte vermittelt das »Obersimmentaler Heimathüüs« (seit 1983) zuoberst am Kirchstalden, in unmittelbarer Nähe von Kirche, Pfarrhaus und Kapelle.
Verkehrsverein: CH-3770 Zweisimmen, Tel.: 030-21133.
Weitere Tourenvorschläge:
o Lenk/Simmenfälle–Staldenweid–Ammertentäli–Ammertenpaß–Engstligenalp–Adelboden (Gondel) (6½ Std.).
o Lenk–Büelberg (Bus)–Hahnenmoospaß–Tierberg–Guggernäll–Lenk (5 Std.).

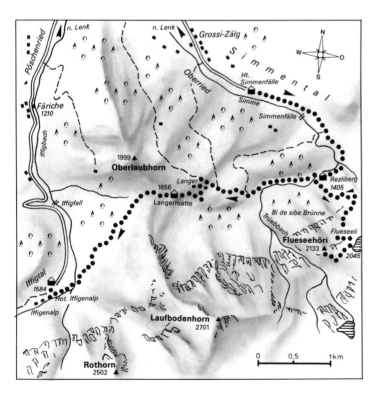

Verträumt liegt das Flueseeli auf 2000 Metern in einer Senke unter den Nordhängen des Wildstrubelmassivs. Im Bild: Gletscherhorn und Weißhorn mit Tierberggletscher.

Seite 138   Das Laufbodenhorn (vom Flueseeli gesehen) bietet dem erfahrenen Bergsteiger leichte bis mittelschwere Anstiegsrouten.

Betelberg und Stübleni – Wildhornhütte – Iffigfall

Tour 27

Lenk – Betelberg/Leiterli – Gumeli – Stüblenenpaß –
Tungelpaß – Stigle – Wildhornhütte – Iffigenalp –
Iffigfall – Pöschenried – Lenk

Schon die Römer benutzten das Simmental als Durchgangsgebiet. Die Namen der Berge und Flüsse sind keltischen Ursprungs, jedoch ist wenig aus der Zeit der Kelten bekannt. Die eigentliche Besiedlung erfolgte durch die Alemannen zur Zeit der Karolinger, und zwar über Saanenmöser. Sie ließen sich zunächst in jenen Teilen des Tales nieder, die landwirtschaftlich am leichtesten aufzubereiten waren. Das hintere Obersimmental besiedelten die Alemannen zum Schluß. Erste Alpgenossenschaften sind wahrscheinlich um das Jahr 1000 entstanden. Sie regelten nach genau festgelegten Grundsätzen die Verteilung der Weiderechte. Bis in das 16. Jahrhundert waren die Bauern ausschließlich Selbstversorger mit Akkerbau, Viehwirtschaft, Flachs- und Hanfanbau. Im folgenden Jahrhundert wird der Anteil des Ackerbaues immer geringer, und Tagelöhner finden keine Arbeit mehr. Um 1700 verlassen die ersten Simmentaler aus Not ihre Heimat. Einige ziehen mit dem verkauften Vieh sogar bis nach Deutschland und finden als Melker ein geringes Auskommen. Sie tragen die uns vertraute Berufsbezeichnung »Schweizer«.

Obgleich während der beiden Weltkriege wieder Getreide angebaut wurde, haben die Bauern der Talschaft heute die Ackerwirtschaft praktisch aufgegeben – bis auf ihr kleines Gärtchen am Haus. Intensive Viehzucht und Viehwirtschaft bilden trotz Tourismus mit Sommer- und Wintersaison die ökonomische Grundlage des Tales. Da im Simmental der Anteil der Industrie unbedeutend ist, finden wir allerdings auch Orte, bei denen das Bruttosozialprodukt mit 80 Prozent und mehr direkt oder indirekt aus dem Fremdenverkehr kommt.

Im allgemeinen wurden die Bahnen im Berner Oberland zur Erleichterung des Reisens und zur Förderung des Tourismus gebaut. Den Anstoß im Simmental, dem mit 50 Kilometern längsten Tal des Berner Oberlandes, gab der Export des »Simmentaler Fleck-

Seite 139 In eindrucksvoller Gebirgsumrahmung zieht sich ein Steiglein zwischen den Felsbändern der Stigle hindurch zur Einsattelung zwischen Stigelberg und Niesehorn.

Am Rande der Gryden, einer geologisch interessanten Kraterlandschaft. Im Hintergrund Niesehorn und Spitzhorn.

viehs« sowie der Butter- und Käseerzeugnisse. Die Bahnverbindung zwischen Spiez und Zweisimmen besteht bereits seit 1903, wodurch sich im Simmental und den angrenzenden Tälern schon früh der Tourismus zu entwickeln begann und heute immer größere Bedeutung für das Simmental und das angrenzende Saanenland bekommt. »Das grüne Hochland«, wie die Region auch gerne genannt wird, offenbart sich dem Besucher als reizvolle Alpenlandschaft von der stillen Alpweide bis hinauf ins Hochgebirge und die großartige Gletscherwelt. Von fremden Einflüssen unangetastet präsentieren sich die dem herkömmlichen Baustil treu gebliebenen Bergdörfer, die das Feriendasein zum beglückenden Erlebnis werden lassen. Da legt man schon gerne einmal einen Rasttag ein, um am folgenden Tag mit doppeltem Schwung wieder eine Wanderung zu unternehmen, zum Beispiel vom *Leiterli* über den *Tungelpaß* ins *Naturschutzgebiet Gelten–Iffigen*.

Wir fahren von Lenk mit der *Betelberg-Gondelbahn* aufs *Leiterli* (Talstation Nähe Kurzentrum). Von der Bergstation (1943 m) in wenigen Minuten auf den *Aussichtspunkt des Leiterli* (2000 m) mit wunderbarem Blick auf die Lenker Berge sowie Voralpen- und Hochalpengipfel. Ein kurzer Abstieg bringt uns auf den am Westhang des Leiterli verlaufenden *Höhenweg* bis zum *Gumeli*. Die Alpenflora zeigt hier einen auffallenden Artenreichtum von überschwellenden Alpenrosenfeldern bis hin zu Blütenteppichen von weißer Alpenanemone mit den Volksnamen Schneehahnl, Bergmännle und Struebuebe sowie narzissenblütigem Windröschen, genannt Berghähnlein, Armseiling und weißer Sornikel. Wir finden geflecktes Knabenkraut, Alpenaster, Flockenblume, Himmelsschlüssel und Soldanellen.

Die Kraterlandschaft der *Gryden* (Einsturztrichter in wasserlöslichem Gipsgestein) streifen wir an ihrer südlichen Hangseite. Fast eben gelangen wir zu einer Weggabelung und steigen am Südosthang der *Stübleni* auf den Grat, über den die Gemeindegrenze (Steinmauer) zwischen Lenk und Lauenen verläuft. Den *Stüblenenpaß* überschreiten wir quer zur Paßrichtung (1992 m/1¼ Std.). Nach dem anschließenden *Aebigrat* zieht sich der bequeme Weg auf 2 Kilometern Länge fast horizontal unter den rasigen Hängen des *Rothorns* zum *Tungelpaß* hin (2084 m/+¾ Std.; auf der Landeskarte nicht benannt). Hier treffen wir wieder auf die Steinmauer, die die Grenze zwischen Saanenland im Westen und Obersimmental im Osten darstellt. Die Lenker bezeichnen diesen Paß, hinter dem es gleich links den Hang hinaufgeht, als »Stigellegi«. In die Felsbänder der *Stigle* wurde im Jahre 1971 ein Steig gebaut (z.T. Seilsicherung), der auch dem Wanderer den Übergang zwischen Stigelberg und Niesehorn nach Osten hin ermöglicht. Ab *Punkt 2310* durchstreifen wir eine steinige Mulde. Eindrucksvoll sind die Schichtungen und Faltungen in den Felswänden des Niesehorns, dessen Anblick uns schon vom Stüblenenpaß her fesselte.

Bei *Punkt 2381* (südlich von Punkt 2377) ist der höchste Stand der Wanderung erreicht (+1 Std.) und wenig später der Abzweig zur *Wildhornhütte* (oder direkt in 30 Min. zum Iffigsee). Eine steile *Geröllhalde* ist zu queren (oft bis in den Sommer mit Altschneefel-

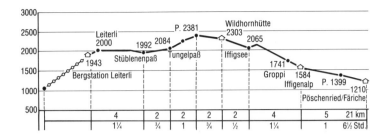

dern). Dann führt der schmale Pfad um den Ostabfall des *Niese-horns* herum und auf seiner *Südflanke* über Fels- und Grasbänder in Südwestrichtung zur *SAC-Hütte*, die wir erreichen, indem wir zu einem kleinen Bach absteigen und jenseits des Wasserlaufes wieder etwas aufwärtsgehen (2303 m/+¾ Std.). Die *Wildhornhütte* steht auf einer Felskuppe vor einem mächtigen Moränenwall und dient vor allem als Stützpunkt für die Besteigung des Wildhorns (Sommer und Winter). Gerne nehmen wir eine kleine Erfrischung.

Die Abstiegsspuren verlieren sich bald im steinig-sandigen »Sandbode« unter den mächtigen Schutthängen des *Schnidehorns*. Links haltend führen sie fast eben aus dem kleinen Tälchen hinaus und als steiler Pfad zum türkisfarbenen *Iffigsee* hinab (2065 m/ +½ Std.). Über dem hohen Nordufer des Sees, der in eine wilde Felslandschaft eingebettet liegt, leuchtet eine verschwenderische Blumenpracht, die das malerische Bild dieses Bergsees noch unterstreicht.

Ein beschaulicher Weg zieht sich ins weite, liebliche Tal des Iffig-

baches abwärts, das im Norden vom Hohberg und im Süden vom Mittaghorn überragt wird. Inmitten von Felstrümmern steht das Einzelgehöft *Groppi* (1741 m). Hier zweigt ein Steiglein auf den *Hohberg* ab, der zum 1957 gegründeten, 43 Quadratmeter großen *Naturschutzgebiet Gelten–Iffigen* gehört (Übergang nach Pöschenried/Lenk oder mit Besteigung des aussichtsreichen Iffighore zum Iffigsee empfehlenswert). Ab *Iffigenalp* (1584 m/+1¼ Std.) Rückkehr per Bus oder auf wunderschönem Wanderweg entlang des *Iffigbaches* nach *Lenk* (maximal 2 Std.). Zumindest das einstündige Teilstück bis Pöschenried legen wir jedem ans Herz. Nur wenige Minuten auf der Straße talaus. Dann lesen wir den Hinweis »*Wanderweg*« und schlendern nun am orografisch linken Ufer des anfangs noch friedlichen Iffigbaches entlang. Schon bald entpuppt sich der Bergbach als wilder, ungebändigter Geselle, der laut tosend, schäumend und gurgelnd über Felsblöcke und Baumstümpfe springt, dabei Nischen und Höhlen auswaschend. Nach 20 Minuten betreten wir ein kurzes Stück die Straße, um bei einer Straßenkehre den imposanten *Iffigfall* zu bewundern. Es ist ein überwältigender Anblick, wie das Wasser hier 80 Meter in die Tiefe stürzt. Das gleiche Schauspiel nochmals bei der nächsten Kehre (+½ Std.; Bushaltestelle!). Wir wollen dem anschließend wieder zahmen Lauf des Iffigbaches noch ein Stückchen folgen, queren ihn unterhalb des Falles über eine Brücke, wechseln zwei- bis dreimal von einer zur anderen Seite und beenden in *Pöschenried/Färiche* diese herrliche Wanderung (1210 m/+½ Std.), um ab *Restaurant Alpenrösli* mit dem Bus nach *Lenk* (bzw. Talstation Betelberg-Leiterli) zurückzufahren.

Touristische Angaben

Äußerst abwechslungsreiche Bergwanderung mit Hüttenbesuch. Ausdauer erforderlich, jedoch Abkürzungen möglich.

Beste Jahreszeit: Ende Juni/Juli bis Oktober.
Höhendifferenz: 500 Meter Anstieg, 1250 Meter Abstieg.
Reine Gehzeit: 6½ Stunden.
Karte: Landeskarte der Schweiz 1:50000, Wildstrubel, Blatt 263; Gstaad–Adelboden, Zusammensetzung 5009.
Unterkunft: Wildhornhütte (2303 m), SAC-Sektion Moléson. 100 Plätze. Hüttenwart Juli bis Ende August und Wochenende. Tel.: 030-32382. Hotel Iffigenalp (1584 m).
Einkehrmöglichkeit: Bergstation *Leiterli/Restaurant* (1943 m). *Restaurant Alpenrösli*, Pöschenried/Färiche (1210 m).
Talorte: *Lenk*, *Zweisimmen* und *St. Stephan*, siehe Tour 26.
Weitere Tourenvorschläge:
○ Lenk–Iffigenalp (Bus)–Rawilpaß–Lac de Tseuzier (5½ Std.)– per Bus nach Sion/Rhonetal.
○ St. Stephan–Heueggli–Blankenburg (5 Std.).

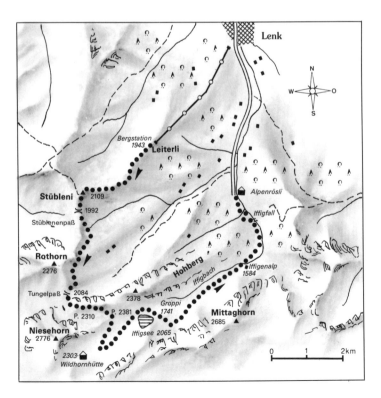

Die Alpe Stieren-Iffigen mit Iffigsee im Naturschutzgebiet Gelten-Iffigen. Dahinter das Laufbodenhorn (links) und das Mittaghorn (Bildmitte).

Der Wasserngrat und die Gipstrichter von Gryde

Gstaad – Wasserngratbahn – Turnelssattel – Lauenehore – Türli – Trütlisbergpaß – Gryde – Leiterli – Lenk

Ab 1845, nach dem Bau der Straße von Zweisimmen nach Saanen, stellen regelmäßige Postkurse mit Pferdekutschen bei einer Fahrzeit von 8 bis 10 Stunden die erste offizielle Verbindung zwischen Thun und Saanen her. Der Anschluß an das Verkehrsnetz der Berner-Oberland-Bahnen (BOB) im Jahre 1905 durch den Bau der Montreux-Oberland-Bahn (MOB) leitet einen späten, aber um so intensiveren touristischen Aufschwung im Saanenland ein. Aus heutiger Sicht erscheint es als ein Kuriosum, daß ausgerechnet Gstaad um den Bahnanschluß und eine Station kämpfen mußte. Gstaad war zu jener Zeit nur ein kleiner Weiler von Saanen. Heute ist Gstaad ein weltbekannter Kurort mit internationalen Feriengästen und übertrifft Saanen, den Hauptort des Tales, an Ausdehnung und Bedeutung. Neben Skirennen und Skisprungkonkurrenzen von weltweitem Ruf wird im Sommer das »Swiss Open Gstaad« hier ausgetragen (Schweizer Tennismeisterschaften, auch als »Wimbledon der Alpen« bezeichnet). Das als mondän bezeichnete Gstaad ist sicher ein bevorzugter Ort des Jet Sets und der High Society – aber es ist zugleich ein liebenswertes, großes Bergdorf geblieben, in dem sich jeder Urlauber wohlfühlt.

Der große Geigenvirtuose Yehudi Menuhin wählte Gstaad 1956 zu seinem Wohnsitz. Er gründete die internationale Musikakademie, die sich begabter Musiker aus aller Welt am Anfang ihrer Karriere annimmt. Als besonderes Ereignis darf das alljährlich in der St.-Mauritius-Kirche in Saanen stattfindende »Menuhin-Festival« bezeichnet werden. In etwa 15 Konzerten treten bedeutende Solisten und Ensembles auf. Die Mauritiuskirche bietet mit dem charakteristischen, wehrbauartigen Turm unter achteckigem, geraden Pyramidenhelm besonders von Westen her zusammen mit der Annenkapelle einen imposanten Anblick. Das Mauerwerk des Turmes dürfte der älteste Bestand des heutigen Bauwerkes sein (12./13. Jh.), dessen maßgebliche Ausführung durch den großen Umbau in den Jahren 1444–48 bestimmt wurde. Die bedeutenden Fresken im Chor stammen aus der zweiten Hälfte des 15. Jahrhunderts. Ein durch Blitzschlag entstandener Brand zerstörte 1940 Decke, Turmhelm, Empore und Orgel, jedoch erfolgte der Wiederaufbau (1943 beendet) in der alten Form.

Blick vom Wasserngrat nach Westen auf Gummfluh.

Die Wandermöglichkeiten von Saanen–Gstaad umfassen das Gebiet zwischen der Gastlosenkette im Norden, Giferspitzgruppe im Osten, Walliser Wispile im Süden und Gummfluhgruppe im Westen. Es können Übergänge in benachbarte Täler ebenso wie leichte bis mittelschwere Gipfelbesteigungen durchgeführt werden. Ein aussichtsreicher Höhenweg führt über die »Höhi Wispile« von Gstaad nach Gsteig. Leicht erreichbar sind die Orte Schönried und Saanenmöser, beliebt als Ferienorte sowie als Ausgangspunkte für Bergwanderungen unterschiedlicher Art und Länge. Die Region des Saanenlandes ist durch Gondelbetrieb gut erschlossen (1987/88 zum Teil Umbauten) und daher für Senioren sowie Familien mit Kindern als ideales Wander- und Erholungsgebiet geeignet.

Ein besonderes Erlebnis ist der *Wasserngrat*, ein von Norden nach Süden ausgerichteter, ziemlich schmaler und ausgesetzter Grat, dessen Begehung kurz unterhalb der Gratkante in der Westflanke auf gut angelegtem Steig erfolgt. Von Gstaad/Station mit dem Bus zur *Talstation der Bergbahn* (Gondel/Sessellift; im Winter beliebtes Skigebiet). Nach Erreichen der *Bergstation Dürrischilt* (1936 m) nehmen wir die Gelegenheit wahr, die Panoramatafeln auf der Terrasse des Berghauses (wenige Minuten unterhalb der Station) aufmerksam zu studieren. Der Anstieg auf den Wasserngrat führt zunächst zwischen dichtem Grünerlengebüsch hindurch, dann abwechslungsreich über Grashänge und Felsbänder. Zwar erfordert die Steilheit des Geländes (nicht des Weges) Aufmerksamkeit, jedoch sind exponierte Wegstellen mit Seilen gesichert. Immer wieder bleiben wir stehen, genießen den Blick nach Norden über das weite Saanenland hinweg bis zur Kette der Gastlosen oder schauen nach Osten in die Tiefe des einsamen Turnelstales. Gleitschirmflieger starten am Wasserngrat (etwas oberhalb der Bergstation) und segeln schwerelos ins Tal von Lauenen hinab. Sie wirken wie bunte Farbtupfen in der grünen, samtenen Landschaft, über der im Westen die markanten Felsgipfel Gummfluh und Le Rubli wie zwei Wächter stehen.

Der Steig, auf dem sich allerdings auch Bergschafe zu Hause fühlen und entsprechende Spuren hinterlassen, schlängelt sich um Rippen, Grate und Felstürme herum und an steilen Wandfluchten entlang. Zeitweilig geht es in luftiger Höhe direkt über den Grat. Beim Aussichtspunkt *Wandeliflue* (2203 m/1 Std.; höchster Punkt des Wasserngrates) steht eine Bank gerade recht für eine Schaurast. Im Süden reihen sich Gipfel und Gletscher der Wildhorn- und Diableretsgruppe aneinander. Zur *Schutzhütte* am Wasserngrat steigen wir wenige Meter abwärts (*Punkt 2140*). Mußten wir bisher auf dem felsigen Steig etwas achtsam sein, gibt es am folgenden rasigen *Brüeschegrat* keine Probleme und wir können uns in Muße das Bild der Landschaft einprägen. Vom nahen *Turnelssattel* (2086 m/+½ Std.; ohne Namen auf der Landeskarte) machen wir einen Abstecher auf das *Lauenehore*. Ein steiler Pfad zieht direkt zum Gipfel dieser dreiseitigen Pyramide empor (2477 m/+1 Std.). Eine prächtige Rundsicht entschädigt für die Mühen des Aufstieges. Gerne wird dieser Gipfel bei der Überschreitung des *Giferspitz*

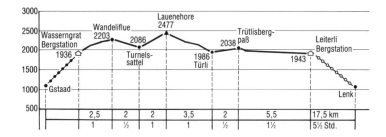

mitgenommen. Wir kehren zur Abzweigung zurück. Der Weiterweg quert fast horizontal den steilen Südhang des Lauenehore, genannt *Horemäder*, bis er sich in leichtem Abstieg auf das *Türli*, den Übergang von Gstaad durchs Turbachtal nach Lauenen, absenkt (1986 m/+1 Std.; ohne Namen auf der Landeskarte). Gleich danach geht es unter dem Westhang der *Tube* vorbei am markanten Felskopf des *Geisschilchli* etwas ansteigend zum aussichtsreichen *Trütlisbergpaß* (2038 m/+½ Std.). Dieser Graspaß zwischen *Tube* und *Stübleni* verbindet das Lauenen- mit dem Obersimmental (über Lochberg und Rohrbüel in 2½ Std. nach Lenk).

Unser Weg verläuft in südlicher Richtung und erreicht die flache Erhebung des *Stüblenigrates*. Schon von weitem fallen die ausgedehnten, hellen Gipslager der »Gryde« auf, an deren Beginn eine von den Betelberg-Bahnen für die Wanderer 1982 erbaute Schutzhütte steht. Durch unterirdische Auslaugung sind in diesem Gebiet zahlreiche Einsturztrichter im Gipsgestein entstanden, die oft bis in den Spätsommer hinein mit Schnee angefüllt sind. Achtung,

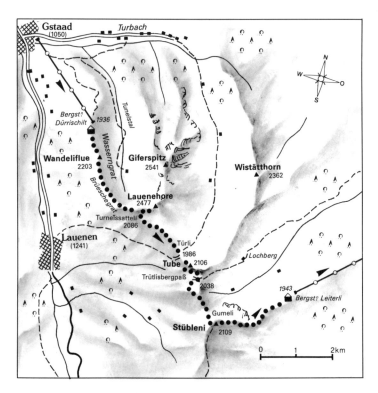

den markierten Weg nicht verlassen, da das Gestein bei Nässe sehr rutschig sein kann!

Nach der Durchwanderung dieser geologisch interessanten und eindrucksvollen Kraterlandschaft erreichen wir auf bezeichneter Route bei *Gumeli* den *Höhenweg*, der zur *Bergstation des Leiterli* führt (1943 m/+1½ Std.). Mit der Gondel geht es hinab nach *Lenk*. Bis zum Bahnhof brauchen wir knapp 15 Minuten und kehren mit der Eisenbahn zurück nach *Gstaad*.

Touristische Angaben

Höhenwanderung ohne große Steigungen vom Saanenland ins Obersimmental. Der Wasserngrat erfordert Trittsicherheit und Schwindelfreiheit.

Beste Jahreszeit: Juli bis Oktober.
Höhendifferenz: 700 Meter Anstieg, 700 Meter Abstieg.
Reine Gehzeit: 5½ Stunden (ohne Gipfel Lauenehore −1½ Std.).
Karte: Landeskarte der Schweiz 1:50 000, Wildstrubel, Blatt 263; Gstaad–Adelboden, Zusammensetzung 5009.
Unterkunft: *Berghaus Wasserngrat/Dürrischilt* (1936 m).
Einkehrmöglichkeit: *Bergstation Leiterli/Restaurant* (1943 m).
Talorte: *Gstaad* (1050 m), bekannter Sommer- und Wintersportort. Hotels, Ferienwohnungen. Privatflugplatz. Tennis- und Golfspielen, Reiten und Schwimmen. Kombinierte günstige Billette des Reisedienstes Gstaad. Jeden Freitag (Juli bis Sept.) geführte Wanderungen. Sehenswert: St.-Niklausen-Kapelle, erbaut im Jahre 1402. Verkehrsverein: CH-3780 Gstaad, Tel.: 030-41055.
Saanen (1011 m). Hotels, Pensionen, Ferienwohnungen. Touristenlager, Jugendherberge. Verkehrsverein: CH-3792 Saanen, Tel.: 030-42597.
Schönried (1230 m), Sonnenterrasse des Saanenlandes. Hotels, Pensionen, Ferienhäuser, Berghäuser. Solebad. Verkehrsbüro: CH-3778 Schönried, Tel.: 030-41919.
Saanenmöser (1269 m). Hotels, Ferienwohnungen. Verkehrsverein: CH-3777 Saanenmöser, Tel.: 030-42222.
Lenk, Zweisimmen, siehe Tour 26.
Weitere Tourenvorschläge:
o Zweisimmen/Schönried–Gondelbahn Rellerli–Hundrück-Neuenberg–Sparenmoos–zurück per Bus (5 Std.).
o Gstaad–Höhi Wispile–Chrinnepaß–Gsteig (5 Std.).
o Gstaad–Hornkessel–Gandlouenegrat–Rinderberg–Zweisimmen (6¼ Std.; bei Benutzung der 1987 vergrößerten Gondeln ab Rinderberg −2¼ Std.).

Die Begehung des von Norden nach Süden ausgerichteten Wasserngrates erfolgt unterhalb der Gratkante auf gut angelegtem Steig in der Westflanke.

Seite 148 Wandeliflue, schönster Rastplatz auf dem Weg über den Wasserngrat. In der Bildmitte das Wildhorn.

Vom Lauenensee zum wilden Felskessel des Rottals

Lauenen – Lauenensee – Feisseberg –
Geltenschuß – Geltenhütte – Rottal –
Lauenensee – Rohr – Lauenen

Generationen haben im Saanenland und Simmental ein reiches bäuerliches Kulturgut hinterlassen. Nur in einem abgeschiedenen, wohlhabenden Tal konnte es sich so entwickeln. Nirgends im Berner Oberland finden wir die alten, schmuckvollen Bauernhäuser aus dem 17. und 18. Jahrhundert in einer solchen Vielzahl wie hier. Breit und behäbig stehen sie in den grünen Talschaften inmitten von Weiden, sanften Hängen und Bergen. Die aus der Landschaft heraus gestalteten Bauwerke sind Musterbeispiele perfekter Holzbaukunst und geben das sichere Gefühl ihrer Erbauer für ausgewogene Proportionen wieder. Aus dem Handwerk entwickelte sich eine besondere Zimmermannskunst, die handwerkliche Fähigkeiten mit künstlerischem Empfinden verband und gemeinsam einsetzte. Bewundernd bleiben wir stehen vor den prächtigen Häusern aus Holz, die auf weißem Steinsockel ruhen. Einige besonders typische Bauten seien hier genannt: »Gasthof Bären« (1756) in Gsteig, »Uelligerhaus« (1762) in Innergsteig, »Mühlehaus« (1765) in Lauenen, das von Kennern als eines der schönsten Beispiele Saanenländer Baukunst bezeichnet wird, sowie das mit originellen Jagdszenen bemalte »Jägerhaus« (1796) auf der Schüpf südlich von Lauenen.

Auffallend sind die weit vorkragenden Giebeldächer der alten Simmentaler Häuser. Die Fassade wird durch die horizontal gegliederte Fensterfront aufgelockert. Ornamentmalerei, Sprüche und Kerbschnitzerei zieren die harmonisch gestalteten Häuser. Sie zeugen vom Stolz und der Kultur ihrer Erbauer und sind für Generationen geschaffen. Wir finden stilisierte Sonnen und andere geometrische Formen. Die Inschriften an den Häusern wurden im 16. und 17. Jahrhundert in lateinischen, danach in gotischen Buchstaben ausgeführt. Im 18. Jahrhundert entwickelte sich vor allem die bäuerliche Rokokomalerei.

Von der großen Kunstfertigkeit in der Holzbearbeitung künden

Seite 149   Von der Geltenhütte blickt man über das Furggtäli auf Hühnerhörnli und Arpelihorn.

Die Geltenhütte wird im Osten überragt von den bizarren Felsen des Hahnenschritthorns, einem ausgesprochenen Kletterberg mit sehr brüchigem Gestein.

auch die alten Möbel und hölzernen Gebrauchsgegenstände. Bei der Ausschmückung von Fassaden an Chalets versucht man heute, die kunstvollen Verzierungen der Vorfahren nachzuahmen. Allerdings müssen aus Zeit- und Kostengründen Maschinen eingesetzt werden. Aber eine Maschine kann die handwerkliche Kunst und Originalität vieler Stunden nicht ersetzen – so fehlt die Seele im Endprodukt.

Das romantische Bergtal von Lauenen gilt als besonderer Tip. In einmaliger Harmonie zeigen sich Wildhorn und Geltengletscher im Süden über dem Talschluß. Dort rauschen die ungestümen Wasser von Tungel- und Geltenschuß. Das rund 30 Häuser und eine Kirche (16. Jh.) zählende »Dörfli« Lauenen steht auf einer Gletschermoräne. Die übrigen Häuser mit Scheunen und Ställen liegen weit verstreut an beiden Talhängen. Ein schöner hölzerner Brunnen vor dem Postgebäude neben der Mühlebrücke, die nach dem großen Unwetter im Jahre 1970 neu gebaut werden mußte, bietet dem Besucher ein malerisches Bild.

Ursprünglichkeit und wohltuende Schönheit der alpinen Natur zeichnen das Tal aus, das noch heute von den mit der heimatlichen Scholle eng verbundenen Bergbauern bewohnt und bewirtschaftet wird. Zahlreiche Wanderungen führen durch die abwechslungsreiche Landschaft, unter anderem in den westlichen Teil des *Naturschutzgebietes Gelten–Iffigen*.

Obgleich der *Lauenensee* mit eigenem Wagen (ca. 10 sfr. Parkgebühr) sowie per Bus zu erreichen ist, empfehlen wir jedem, der gut zu Fuß ist, die Wanderung in Lauenen zu beginnen und enden zu lassen, sozusagen als Einleitung und zum Ausklang. Wir verlassen das Dorf *Lauenen* in südlicher Richtung. Nach der »Rohrbrügg« (rechts vom Holzlagerplatz) liegen bald die letzten Häuser hinter uns. Wir sind nur noch umgeben von der Stille des Waldes und dem Duft frisch gemähten Heus. Ein kleiner Abkürzer läßt die einstige Fahrstraße erkennen, die inzwischen fast völlig von Gras und Buschwerk überwuchert ist. Der *Lauenensee* (1381 m/1 Std.) gilt in seiner Art als landschaftliches Kleinod. Schilf und Feuchtwiesen umgeben ihn. Er kann in 45 Minuten umwandert werden. Wir lassen ihn rechts liegen und erreichen kurz darauf das *Bergrestaurant Büel*.

Ab Wegweiser »Ledibrügg« (nach Westen geht es über den Chrinnenpaß nach Gsteig und zur Höhi Wispile nach Gstaad) beginnt der Weg zu steigen und zieht sich in ein enges Tälchen hinein. Leicht gewinnt man in der Kühle des Morgens Meter um Meter. Nach 30 Minuten ein dicker Felsblock mit Markierungen in zwei Richtungen: links geht es steiler empor, rechts über eine Brücke. Später treffen sich die Wege wieder. Eine Zeitlang wandern wir am orografisch linken Ufer des Geltenbaches über eine Alpwiese und haben jetzt ständig den imposanten *Geltenschuß* vor Augen. Je näher wir kommen, desto eindrucksvoller wird der Anblick dieses imposanten Wasserfalles, der in zwei mächtigen Kaskaden über eine harte Gesteinsschicht mehr als hundert Meter in die Tiefe stürzt. Der Bergpfad windet sich an der westlichen Talwand in vielen Kehren steil empor, dabei den *Geltenschuß* rechts

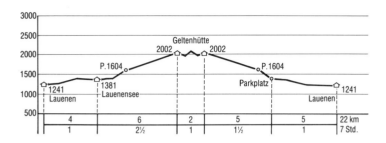

4	6	2	5	5	22 km
1	2½	1	1½	1	7 Std.

umgehend bis zur nächsten Felsstufe oberhalb des Falles, wo wir nur noch einen zahmen Bergbach antreffen. Es ist kaum vorstellbar, daß er wenige Minuten später zu einem so stürmischen Gesellen wird.

Zwei Möglichkeiten des weiteren Anstieges gibt es hier: nach links Queren des *Geltenbaches* und auf bequemem, breitem Weg (gemütlicher) oder gleich rechts auf steilerem *Felssteig* über Platten und Felsblöcke (interessanter). Beide Routen vereinen sich nach dreißig Minuten wieder und bringen uns schließlich zur kleinen, gemütlichen *Geltenhütte* (2002 m/+2½ Std.). Es fällt nicht schwer, eine ausgiebige Rast einzulegen. Der »Innere Gelten«, wie der Talabschluß über der Hütte heißt, ist von einem felsigen, zum Teil vergletscherten Gipfelkranz umgeben, der vom Hahnenschritthorn im Osten über Wildhorn und Arpelistock im Süden bis hin zum Spitzhorn im Westen reicht.

Ein lohnender Abstecher führt zum wildromantischen Felskessel des *Rottal*, der südlich der Hütte auf schmalem Steiglein erreicht wird. Der Blick in dieses eigenartige Hochtal, das von senkrechten Felswänden mit langen Schuttbahnen eingeschlossen ist, lohnt die kleine zusätzliche Mühe. Zur *Geltenhütte* zurückgekehrt (2002 m/+1 Std.), haben wir noch einen wunderschönen Rückmarsch vor uns, denn die Landschaft entfaltet jetzt mehr noch als am Morgen ihren ganzen Zauber. Je weiter sich die Sonnenuhr dreht, desto großartiger wirkt auch der *Geltenschuß*. Also beim Abstieg viel Zeit lassen.

Fotografieren läßt sich der Wasserfall am besten ab 14.30 Uhr, wenn das Sonnenlicht voll in das stiebende und sprühende Wasser fällt, das dann glitzert und funkelt.

Es macht auch Spaß, nochmals eine Rast auf dem Alpboden von *Feisseberg* zu machen und am Ufer des sanft dahinplätschernden Bergbaches zu sitzen. Anschließend wird er wieder ungestümer und zwängt sich in einer Reihe von Kaskaden und Kesseln durch eine enge Schlucht, bis er den Talboden erreicht. Beim *Parkplatz* an der *Bushaltestelle* südöstlich des Lauenensees (1381 m/+1½ Std.) senkt sich von der Fahrstraße ein Weg in den Wald hinab und verläuft ständig in der Nähe des unterschiedlich temperamentvollen *Geltenbaches*, später horizontal durch hohen Altwald und Wiesengelände, die Sumpfebene von *Rohr*, bis zum Dorfe *Lauenen* (1241 m/+1 Std.).

Touristische Angaben

Eindrucksvolle Bergwanderung in das Naturschutzgebiet Gelten–Iffigen mit Hüttenbesuch.
Beste Jahreszeit: Juni/Juli bis Oktober.
Höhendifferenz: 850 Meter Anstieg, 850 Meter Abstieg.
Reine Gehzeit: 7 Stunden.
Karte: Landeskarte der Schweiz 1:50 000, Wildstrubel, Blatt 263; Gstaad–Adelboden, Zusammensetzung 5009.
Einkehrmöglichkeit: *Restaurant Büel*, Lauenensee.
Unterkunft: *Geltenhütte* (2002 m), SAC-Sektion Oldenhorn. 87 Plätze. Hüttenwart Juli/August, übrige Zeit Samstag/Sonntag nach Bedarf.
Talorte: *Lauenen* (1241 m), kleines Bergdorf, 7 Kilometer von Gstaad entfernt. Busverbindung. 2 Hotels, Pensionen. Verkehrsverein: CH-3782 Lauenen, Tel.: 030-53001.
Gstaad und *Saanen*, siehe Tour 28. *Gsteig*, siehe Tour 30.
Weitere Tourenvorschläge:
o Lauenen–Türli–Steineberg–Turbachtal–Gstaad (5 Std.).
o Gstaad–Eggli (Gondel)–Hinter Eggli–Wilde Bode–Gummesel–La Videmanette–Rougemont (Gondel, 4½ Std.).
o Lauenen–Rütschli–Trütlisbergpaß–Lochberg–Rohrbüel–Lenk (5½ Std.).

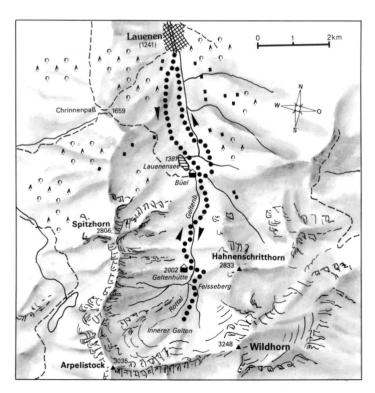

Geltenschuß, Geltengletscher und Geltenhorn im Naturschutzgebiet Gelten-Iffigen.

152

Vom Col du Pillon zum Lac Retaud und Arnensee

Col du Pillon – Lac Retaud – Chalet Vieux –
Arnensee – Oberes Stuedeli – Blatti – Schneeweid –
Feutersoey – Gsteig

Das Saanenland ist der westlichste Teil des Berner Oberlandes und zugleich deutsch-französische Sprachgrenze an seinem südlichen und westlichen Rand. Politisch gehört das Saanenland zum Kanton Bern, nach dem Verlauf der Flüsse und vom Charakter her könnte man dieses Gebiet eher zum Waadtland oder zu Fribourg zählen. Ein siedlungsgeschichtlicher Rückblick zeigt, daß zunächst Ligurer und Gallier im Tal lebten. Keltische Flur- und Flußnamen erinnern an jene Zeit, zum Beispiel »Saane«, die Sieghafte, oder »Turbach«, der Ungestüme, Wilde. Später zogen Burgunder hinzu, und die Sprache wurde romanisch. Im 8. Jahrhundert drangen alemannische Familien aus dem Simmental ins Saanenland ein. Da sie zahlenmäßig den dort lebenden Einwohnern überlegen waren, bürgerte sich bald das deutsche Sprachgut ein. Später gelangten deutschsprachige Walliser, die »Walser«, über den Sanetschpaß ins Land.

Der alte Saumweg über den Col du Pillon nach Aigle wurde 1885 als Straße ausgebaut, während der einst bedeutendere Sanetschpaß nach Sion (Wallis) zunächst ein reiner Wanderweg blieb. Mit dem Bau des Stausees Sanetsch (Lac de Senin) verschwand ein Teil des alten Weges in den Fluten und wird in seinem weiteren Verlauf häufig von der Straße gekreuzt, die von den Wallisern gebaut wurde.

Das Saanenland gilt als eine der lieblichsten Sonnenstuben des Berner Oberlandes und ist über die Saanenmöser mit dem Simmental verbunden (zugleich Wasserscheide zwischen Saanenland und Simmental). Der Col des Mosses sowie der Col du Pillon führen ins Waadtland und ins Wallis.

Zuhinterst im Saanenland an der Straße zum Col du Pillon liegt das 1312 erstmals urkundlich unter dem Namen »Chastalet« erwähnte Bergdorf Gsteig. »Châtelet« – hergeleitet von Wacht- und Zufluchtsturm, der auf geheiligter Stätte der »Pierra beneite« (d. h. »pierre bénie«, gesegneter Stein) errichtet und später zum Glokkenturm der Gsteigkirche umgebaut wurde – ist der noch heute gültige französische Name für Gsteig. Sankt Joder, typischer Schutzheiliger der Oberwalliser, ist auch der Schutzpatron von Gsteig, und die Einweihung der ehemaligen Kapelle von Gsteig erfolgte nach Umbauten im Juni 1453 durch den Bischof von Lausanne als »Sankt-Joder-Kirche im Gsteig«. Nach alter mündlicher Überlieferung ist das »Joderglöcklein« ein Geschenk des Bischofs von Sitten an die Talschaft Gsteig, die in kirchlichen Dingen nicht ihm, sondern dem Bischof von Lausanne unterstellt war – ein Beweis der Verbundenheit der Menschen diesseits und jenseits des Sanetschpasses. Im Laufe der Jahrhunderte kamen noch drei weitere Glocken in das Gotteshaus. Sie ergänzen sich zu einem gefälligen Dreiklang. Das Joderglöcklein, in früheren Zeiten als Feuerglöcklein bestimmt, wird seit 1931 nur mehr am Karfreitagmorgen geläutet.

Die benachbarten Bergdörfer Gsteig und Feutersoey bieten sich für eine Reihe schönster Wanderungen als Ausgangspunkt und Ferienort an. Lohnend ist unter anderem eine Fahrt mit der Luftseilbahn vom Col du Pillon oder von Reusch zum Glacier des Diablerets inmitten ewigen Eises mit überwältigender Rundsicht. Wer über entsprechende Bergerfahrung verfügt (sonst mit Bergführer), kann von hier in relativ kurzer Zeit Les Diablerets besteigen (hin und zurück etwa 3 Std.). Dem Bergwanderer empfehlen wir die Rückkehr per Seilbahn zur Cabane des Diablerets und eine anschließende Wanderung über Oldenegg nach Reusch oder Gsteig.

Beglückend ist eine Wanderung zum *Arnensee*. Wir fahren per Bus zum *Col du Pillon*. Gleich hinter dem Parkplatz beginnt der Anstieg. Nach 25 Minuten ist der kleine idyllische *Lac Retaud* (1685 m) erreicht, der zum Kanton Waadt gehört. Auch per Bus oder mit dem eigenen PKW kann man hierher gelangen. Kurz hinter einem *Alpgebäude* zweigt der Weg zum *Arnensee* ab. Je höher wir steigen, desto eindrucksvoller wachsen die Gipfel der Wildhorn- und Diableretsgruppe aus dem Talgrund empor. Und im Südwesten erkennen wir sogar die Dents du Midi. Unser Steig quert einen Hang, an dem viele hohe Stauden des Gelben Enzian blühen. Daß es sich hierbei um eine alte Heilpflanze handelt, ist bekannt – aber wer weiß schon, daß der Gelbe Enzian etwa 10 Jahre alt werden muß, bevor er blüht.

Beim *Paß Voré* (1917 m/1 Std., auf der LK nicht bekannt), dem tiefsten Einschnitt im Gelände zwischen La Palette und Seeberghorn, verändert sich das Landschaftsbild. Wir machen noch einen Abstecher zur nahe gelegenen *Alphütte Chalet Vieux*.

Vom Paß Voré geht es in nördlicher Richtung ein Stückchen parallel zur Kantons- und Sprachgrenze (Kanton Waadt im Westen, Kanton Bern im Osten) weiter. Ein kleiner Tümpel am Wege. Zwischen leuchtenden Alpenrosenfeldern zieht sich der Weg fast eben dahin. Etwas fern noch die Gipfel von Gummfluh und Rüeblihorn (Le Rubli) im Norden. Plötzlich liegt der blaugrüne *Arnensee* in der Tiefe unter uns. Wittenberghorn und Furggenspitz spiegeln sich in seinem Wasser. Von hier (etwa bei Punkt 1840) zeigt er sich am schönsten. Mit ständigem Blick auf den See wandern wir zu den Alpgebäuden von *Seeberg* hinunter (1712 m/+¾ Std.).

Jetzt besteht die Möglichkeit, weiter zum Westufer des *Arnensees* (1542 m) abzusteigen und auf einem Fahrweg bis zum Restaurant

---

Ein Kleinod unweit des Col du Pillon: der vielbesuchte Lac Retaud gegen Diableretsmassiv mit Sex Rouge.

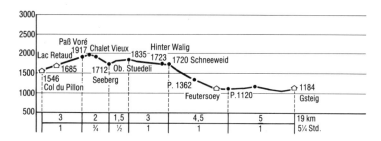

3	2	1,5	3	4,5	5	19 km
1	¾	½	1	1	1	5¼ Std.

Arnensee und auf der Fahrstraße nach *Feutersoey* zu bummeln oder, wie wir es tun, auf dem oberen Bergweg über der orografisch rechten Seeseite erneut an Höhe zu gewinnen. Ab und zu verlieren sich die Wegspuren – und wer zu lange beim Anblick des Arnensees gerastet hat, spürt jetzt die mittägliche Hitze. Bei einem Wegweiser treten wir auf eine Bergwiese hinaus, die horizontal bis *Oberes Stuedeli* zu queren ist (1835 m/½ Std.). Gerne gibt uns die Bäuerin einen Becher kühle Milch. Nach weiteren 30 Minuten kommen wir zur *Alp Blatti* (1746 m).

Einen Moment überlegen wir, ob wir den nach rechts abzweigenden Pfad über Topfelsberg und die Alpen der Vorderen Walig sowie Schopfi nach Gsteig einschlagen sollen – beim Hotel Victoria würden wir nach etwa zwei Stunden den Talboden erreichen. Aber unser Plan hatte Feutersoey mit vorgesehen. So wandern wir weiter durchs einsame, stille *Tschärzis*. Bei dem Alpgebäude von *Schneeweid* (Punkt 1720/+1 Std.) wählen wir den rechten Weg, und es folgt ein zum Teil recht abenteuerlicher Abstieg über Wiesen-

hänge und kleine Waldstücke, mal auf Pfadspuren, dann durch eine Furt, die einem ausgetrockneten Bachbett gleicht. Doch immer wieder entdecken wir frische rot-weiße Markierungen. Nach etwa 45 Minuten gelangen wir zur *Fahrstraße* zwischen Feutersoey und Arnensee, die gegen Entrichtung einer Mautgebühr auch von Privatfahrzeugen befahren werden darf. Am Nordufer des Arnensees gibt es ein Restaurant mit Massenlagern.

Schon bald blicken wir auf die Dächer von *Feutersoey* und erreichen das Dorf kurz darauf (1120 m/+1 Std.). Nun mit dem Postbus nach *Gsteig* zurück oder, wie wir es taten, noch eine reizvolle Talwanderung anhängen. Nach Queren der Hauptstraße geht der Wanderweg durch ein Grundstück zur *Brücke über die Saane*, an deren Ufer wir eine Zeitlang im Schatten bachaufwärts gehen. Eindrucksvoll zeigen sich im Talhintergrund Spitzhorn, Mittaghorn und Oldenhorn. Später verläuft der gut markierte Weg vorwiegend über Wiesengelände durch eine zauberhafte Landschaft. Wir beschließen, den Tag mit einem Besuch der alten Sankt-Joder-Kirche in Gsteig zu beenden (1184 m/+1 Std.).

Touristische Angaben

Idyllische Wanderung vom Waadtland ins Saanenland.
Beste Jahreszeit: Juni/Juli bis Oktober/November.
Höhendifferenz: 600 Meter Anstieg, 900 Meter Abstieg.
Reine Gehzeit: 5¼ Stunden (bei Busbenutzung von Feutersoey nach Gsteig –1 Std.).
Karte: Landeskarte der Schweiz 1:50000, Rochers de Naye, Blatt 262 und Wildstrubel, Blatt 263; Gstaad–Adelboden, Zusammensetzung 5009.
Einkehrmöglichkeit: Keine, es sei denn, Rückkehr entlang des Arnensee-Westufers: *Restaurant Arnensee* (Massenlager).
Talorte: *Gsteig* (1184 m) und *Feutersoey* (1120 m), heimelige Bergdörfer mit bekannten historischen Holzhäusern. 10 bzw. 15 Autominuten von Gstaad entfernt. 4 Hotels. Pensionen, Ferienwohnungen. Verkehrsverein Gsteig/Feutersoey: CH-3785 Gsteig, Tel.: 030-51231. *Gstaad* und *Saanen*, siehe Tour 28.
Weitere Tourenvorschläge:
○ Cabane des Diablerets–Oldenegg–Oldenalp–Alp Reusch–Gsteig (4 Std.).
○ Gsteig–Sanetschpaß–Gsteig (6½ Std.) oder als Übergang ins Rhonetal nach Sion (Bus).

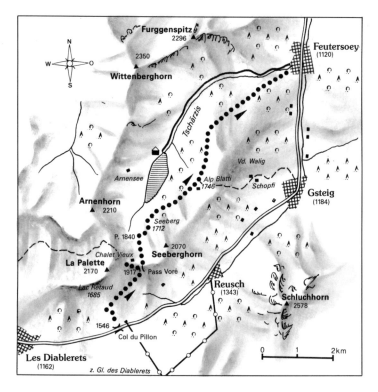

Oben: Blick von Sali am Talweg zwischen Feutersoey und Gsteig auf Spitzhorn in der Wildhorn-Gruppe.
Unten links: Uelligerhaus von 1762 in Innergsteig, eines der bekanntesten Simmentaler Häuser mit alter Bauernmalerei und Schnitzarbeit.
Unten rechts: Die dem heiligen Sankt Joder, Schutzheiligen der Oberwalliser, im Jahre 1453 geweihte Kirche in Gsteig. Dahinter Mittaghorn und Schluchhorn.

Anhang

Wichtiges auf einen Blick

Es gibt einige Informationsschriften über das Berner Oberland, die sich sowohl bei der Urlaubsplanung daheim als auch vor allem am Ferienort als echte Hilfe erweisen. Dazu zählen unter anderem:

Information (für das jeweils laufende Jahr)
Hotelführer
Preiswerte Unterkünfte (Touristenlager, Ferienheime, Jugendherbergen, Berghäuser und -hütten usw.)
Fahrplan für das gesamte Verkehrswesen (Eisenbahn, Schiff, Bus, Seilbahn usw., ca. 28 Seiten. Natürlich gibt es für jede Einrichtung noch Spezialprospekte).
Prospekt »Regionales Ferienabonnement«
Prospekt »Postauto Ferienabonnement«
Prospekt »LUP« (Lenker Umwelt-Pass)

Die Broschüren können bei Bedarf angefordert werden beim Verkehrsverband Berner Oberland, Jungfraustraße 38, CH-3800 Interlaken, Tel. 036/222621, und beim Schweizer Verkehrsbüro (SVB), Kaiserstraße 23, 6000 Frankfurt/Main 1, Tel. 069/236061.

Spezialprospekte und -informationen erhalten Sie am besten vom Verkehrsbüro des jeweiligen Urlaubsortes (falls wichtig: schriftlich im voraus anfordern. Anschriften finden Sie unter »Touristische Angaben«).

Das Berner Oberland darf sich mit Recht zu den Regionen zählen, die mit am längsten touristisch erschlossen sind. So finden wir in fast jedem Ort Hotels, Berghäuser, Restaurants, Ferienwohnungen und Touristenlager. Die Einkaufsmöglichkeiten sind gut. Natürlich ist das Angebot in Orten wie Interlaken, Grindelwald, Lauterbrunnen, Meiringen, Kandersteg, Frutigen, Lenk, Gstaad und Zweisimmen besonders vielseitig, jedoch gibt es auch in jedem kleineren Dorf mindestens ein Geschäft. Post und Bank finden Sie praktisch in jedem Ort.

Praktische Hinweise

Bei den Tourenvorschlägen in diesem Buch handelt es sich vorwiegend um unschwierige Bergwanderungen, die von jedem trittsicheren Geher zu bewältigen sind. Lediglich die Touren 12, 13, 14 und 24 führen in hochalpines Gelände und erfordern Berg- und Gletschererfahrung in den Westalpen sowie entsprechende alpine Ausrüstung (Ungeübte nur mit Bergführer).

Bei Gewitter und Blitzgefahr sind Gipfel und Grate schleunigst zu verlassen. Ein Schlechtwettereinbruch kann die sonst leichten Verhältnisse am Berg schlagartig ändern. So ist bei Neuschnee doppelte Aufmerksamkeit geboten, besonders an Grashängen und auf bemoosten Steinen. Häufig sind dann Farbmarkierungen von Schnee bedeckt, und die Wegfindung wird in manchen Situationen problematisch.

Beginnen Sie nicht gleich am ersten Urlaubstag mit einer Bergtour oder Seilbahnfahrt mit allzu großem Höhenunterschied. Sie sollten sich zunächst akklimatisieren. Denken Sie an zweckmäßige Kleidung und Ausrüstung für Ihren Bergurlaub, denn sie tragen mit dazu bei, daß Sie ungetrübte Wanderfreuden erleben. Dazu gehören Bergstiefel mit kräftiger Profilsohle, regendichter und atmungsaktiver Anorak (bei Leichtanorak zusätzlich Regenschutz), Taschenapotheke, Kniebundstrümpfe aus Wolle, Sonnenbrille, Sonnencreme, Jausenpaket und ein den Touren angemessener Rucksack.

Noch ein paar Worte zur Gehzeit: sie ist wesentlich abhängig vom persönlichen Leistungsvermögen, dem Alter, dem Gewicht des Rucksacks, der Akklimatisation und ob Kinder dabei sind. Gehen Sie ein mäßiggleichmäßiges Wandertempo, ohne sich abzuhetzen, ohne Leistungszwang. Dann können Sie sich in etwa an den im Buch angegebenen Zeiten orientieren. Sie stellen ein vernünftiges Mittelmaß dar und lassen jede Tour zu einem echten Wandererlebnis werden. Die auf Wegweisern oder in Wanderbüchern angegebenen Gehzeiten sind leider oft irreführend, da zu lang oder (öfter noch) zu kurz bemessen.

Tips für Regen- und Ruhetage

Es wäre verkehrt, zu verheimlichen, daß das Berner Oberland, bedingt durch seine Lage an der Alpennordseite, von kräftigem Regen heimgesucht werden kann. Keine Angst – die Sonne kommt wieder, und dann ist es um so schöner.

Damit Ihnen das feuchte Element den Urlaub nicht vergällt, hier ein paar Vorschläge, wie Sie sich die Zeit unter anderem vertreiben können, wenn es regnet oder Sie einmal nicht wandern wollen:

Brienz: Schnitzlerschule; *Ballenberg:* Freilichtmuseum; *Meiringen:* St. Michaeliskirche und die Ausgrabungen sowie das Haslimuseum; *Wilderswil:* Dorfmuseum; *Beatenberg (Sundlauenen):* St.-Beatus-Höhlen; *Innertkirchen/Meiringen:* Aareschlucht; *Interlaken (Unterseen):* Touristikmuseum der Jungfrau-Region; *Lauterbrunnen:* Talmuseum; *Hilterfingen/Hünibach:* Museum Schloß Hünegg; *Grindelwald:* Heimatmuseum; *Oberhofen:* Schloß Oberhofen; *Thun:* Schloß Thun (historisches Museum); *Oberwil:* Prähistorische Höhle Schnurenloch; *Spiez:* Schloß Spiez; *Thuner und Brienzer See:* Dampferfahrten (auch bei Regenwetter schön!); *Aeschi:* Museum »Aeschistube«; *Erlenbach:* »Aggensteinhaus« (Museum der alten Landschaft Niedersimmental); *Adelboden:* Heimatmuseum; *Zweisimmen:* Obersimmentaler Heimathuus.

Alp Seeberg mit Arnensee gegen Furggenspitze.

Empfehlenswerte Karten

Tour 1
Landeskarte der Schweiz 1:50 000, Blatt 253

Tour 3 und 4
Landeskarte der Schweiz 1:50 000, Blätter 244, 254 und 255

Tour 2, 5 bis 21 und 23
Landeskarte der Schweiz 1:50 000, Zusammensetzung 5004 oder gleiche Karte mit eingezeichneten Wanderrouten von Kümmerly + Frey

Tour 22 und 24 bis 30
Landeskarte der Schweiz 1:50 000, Zusammensetzung 5009 oder gleiche Karte mit eingezeichneten Wanderrouten von Kümmerly + Frey

Mit diesen Karten kommt man im allgemeinen bei den Bergwanderungen gut zurecht. Wem die Zusammensetzungen 5004 und 5009 zu groß sind, sollte sich je nach Tourenwahl folgende Karten kaufen: Landeskarten der Schweiz 1:50 000, Blätter

253 Gantrisch	Tour 1 und 20
254 Interlaken	Tour 2 bis 12, 16 bis 19 und 21
262 Rochers de Naye	Tour 30
263 Wildstrubel	Tour 22 bis 30
264 Jungfrau	Tour 12 bis 16, 19 und 21

Für denjenigen, der gerne nach dem Maßstab 1:25 000 geht, können außer den bereits empfohlenen Karten noch folgende Blätter von Nutzen sein:
Landeskarten der Schweiz 1:25 000

1189 Sörenberg	Tour 3
1207 Thun	Tour 1
1208 Beatenberg	Tour 2
1209 Brienz	Tour 3, 5 und 7
1210 Innertkirchen	Tour 4
1227 Niesen	Tour 1 und 20
1228 Lauterbrunnen	Tour 6, 8, 16 bis 19 und 21
1229 Grindelwald	Tour 5, 7 bis 11 und 16
1247 Adelboden	Tour 22, 23 und 25
1248 Mürren	Tour 13, 15, 19 und 21
1249 Finsteraarhorn	Tour 12 bis 14 und 16
1250 Ulrichen	Tour 14
1265 Les Mosses	Tour 30
1266 Lenk	Tour 26 bis 30
1267 Gemmi	Tour 22, 24 bis 26
1268 Lötschental	Tour 13 und 23
1269 Aletschgletscher	Tour 14

Empfehlenswerte Führer

SAC-Führer »Berner Voralpen«:
Tour 1 bis 3, 6 bis 9, 17, 19 bis 21, 25 bis 30
SAC-Führer Berner Alpen, Band 1: Diablerets bis Gemmi: Tour 22 bis 24
SAC-Führer Berner Alpen, Band IV: Tschingelhorn–Finsteraarjoch–Obers Studerjoch: Tour 12 bis 14
Werner Munter, Großer Führer »Berner Alpen«, Bergverlag Rother, München: Tour 12 bis 14 und 24

Wer Hochtouren machen will, wird die vorgenannten Führer natürlich wesentlich umfassender nutzen können und sich auch die übrigen SAC-Führer Berner Alpen beschaffen:
Band II: Gemmi bis Petersgrat
Band III: Bietschhorn-, Lötschentaler Breithorn-, Nesthorn- und Aletschhorngruppe
Band V: Grindelwald–Meiringen–Grimsel–Fiesch

Als praktische Begleiter erweisen sich die Wanderbücher von Kümmerly + Frey, Geographischer Verlag, Bern; Herausgeber »Berner Wanderwege«.
Nr. 03181 Rundwanderungen Berner Oberland
Nr. 03002 Passwanderungen im Berner Oberland
Nr. 03067 Thuner See
Nr. 03068 Brienzer See – Oberhasli
Nr. 03069 Lütschentäler
Nr. 03070 Kandertal
Nr. 03013 Niedersimmental – Diemtigtal
Nr. 03017 Obersimmental
Nr. 03012 Saanenland

Alle Karten und Führer sind in Buchhandlungen erhältlich. Sollten sie dort nicht vorrätig sein, wird man sie Ihnen gerne besorgen. Die Landeskarten der Schweiz können auch über das Schweizer Verkehrsbüro, Kaiserstraße 23, 6000 Frankfurt am Main, bezogen werden, oder Sie kaufen sich das Karten- und Führermaterial in jedem größeren Ort im Berner Oberland.

Empfehlenswerte Literatur

Trenker/Dumler, Die schönsten Höhenwege der Westalpen, Bruckmann Verlag, München
Kaune/Bleyer, Die schönsten Höhenwege im Wallis, Bruckmann Verlag, München
Hans Grossen, Berner Oberland, Carta bei Bruckmann, München
Marta und Dan Rubinstein, Gstaad im schönen Saanenland, Benteli Verlag, Bern
Ruth L. Aebi, Gstaad Saanenland, AT Verlag, Aarau/Stuttgart
Ralf Roman Rossberg, Die Jungfrau-Region und ihre Bahnen, Hallwag Verlag, Bern/Stuttgart
Albert Allgaier, Kreuz und quer durchs Berner Oberland, Stähle und Friedel, Stuttgart
Merian: Bern und Berner Oberland, Heft 7/1982, Hoffmann und Campe Verlag, Hamburg
Berner Heimatbücher, Verlag Paul Haupt, Bern (ca. 130 Hefte für die einzelnen Gebiete des Berner Mittel- und Oberlandes).
Reiseführer Schweiz, Hallwag Verlag, Bern
Baedekers Allianz Reiseführer Schweiz, Baedeker Verlag, Stuttgart
Gerhard Eckert, Die Schweiz, Kunst-Reiseführer, DuMont, Köln
Das Dreigestirn der Berner Alpen, »Berge«, Heft 5/1984, Verlag Büchler, Wabern-Bern
Rudolf Rubi, Im Tal von Grindelwald, Bd. II, Sutter Druck, Grindelwald
Clubhüttenverzeichnis des Schweizer Alpenclub, SAC-Verlag, Zürich

Die Kartenskizzen zu den Touren und auf dem Nachsatz zeichnete Gabi Bayer, Röhrmoos. Die Höhenprofile wurden im Verlag gezeichnet.

Thun

Gemmenalphorn

②

Justistal

Beatenberg

Interlaken

Stockhorn

①

Spiez

Thuner See

Wild

Nieder-Simmental

Erlenbach
-Kleindorf

Niesen

Saxeten

⑥

Saxettal

⑰

Simme

Morgenberghorn

Suls-
Lobhornhütte

⑳

Diemtigtal

Frutigen

Kiental

㉑

Lauterbrunn

⑱

⑲

Jaunpaß

Ober-Simmental

Kilchfluhpaß

Abendberg

Schilthorn

Gimmelwald

Zweisimmen

Männlifluh

Kien tal

Griesalp

⑮

Saanen

Oberhornsee

Simmental

Matten

Adelboden

Kandersteg

Blümlisalphorn

Mit

Gstaad

Büelberg

Geilsbüel

Engstligental

Eggeschwand

Kanderfirn

Breith

Wasserngrat

㉘

Lenk

㉕

Regenboldhorn

㉒

Üschenegrat

Gasterntal

㉓

Kander

Blatten

Leiterli

Simmenfälle

㉖

Wildstrubel

Schwarenbach

Lötschenta

Lauenen

Alpenrösli

Bi de sibe
Brünne

Lämmerenh.

Feutersoey

㉗

Iffigenalp

Gemmipaß

㉔

Bietschhorn

Arnensee

Lauenensee

Saane

Saane

Lauenensee

㉙

Wildhornhütte

Leukerbad

Goppenstein

㉚

Gsteig

Geltenhütte

Les Diablerets

Col du Pillon

Wildhorn

Leuk

WALLIS

Les Diablerets

Sierre

Vis

Rhone

Sion